ちくま文庫

原理運動の研究

茶本繁正

筑摩書房

目次

I

II

原理運動の研究

I

1　社会問題化への経緯

原理運動の実勢

昭和五二年（一九七七年）二月現在、世界基督教統一神霊協会（以下引用文以外は「統一協会」と略す）は、世界一二〇カ国、二百万人の会員を擁するという。

「統一教会は、現勢力について、世界百二十カ国に二百万人という。韓国三十八万人、アメリカ三十万人、二十六万人の日本は三番目、次はドイツなどのヨーロッパ諸国だ。キリストの再臨と信者がみなす文鮮明教祖が、二十三年前に布教をはじめたソウルがいわば本山だが、世界一本の組織ではなく、各国の組織とも統一教会を名乗り、場合によっては統一教会日本教会、韓国教会といったいい方をする」（『朝日新聞』七七年二月二三日付）

この教勢、事実とすれば驚くべきことである。文字どおり〝大宗団〟といわなければならない。しかし、教団発表の教勢と実勢のあいだには、どの宗教団体とにかかわらず、落差があるのが普通である。日本の場合については後にふれるが、アメリカについても「信者の数は正確にはわかりませんけれども、報道等によりますと、三万人ぐらいかというふうに伝えられておるわけでございます」という外務省アジア局北東アジア課長の国会答弁がおこなわれている（衆議院法務委員会昭和五二年四月二〇日）。いわゆる公称と実数のあいだの、はなはだしい懸隔をうかがわせるのである。

また、世間で〝原理運動〟と総称される同協会の活動についても、活動体のひとつである大学原理研（全国大学連合原理研究会）の会員数は、さきの新聞報道によると「公称百二十大学、五千人」となっている。ところが、国会質問に関連して文化庁が明らかにした数字によると、統一協会の「総務部長の説明によると」として、「学生会員約二千人」としている。ここにもまた公称と行政当局に対する説明数のひらきが、歴然とみられる。

三〇万人と三万人、五千人と二千人――この数字のちがいは、ことほどに実数把握が外部の者にとっては容易でないことを物語ると同時に、また、逆にいえば〝公称〟なるものが、いかに曖昧であるかという証左ともいえるであろう。

しかし、いずれにせよ、統一協会が国際的に教勢を拡大していることは事実のようである。そしてまたそれだけに、国際的に波紋と摩擦を巻きおこし、主要な国々で社会問題化していることもたしかである。さきの文化庁の報告とほぼ軌を一にして、日本の関係行政当局は統一協会にかんするいくつかの調査結果を明らかにしたが、そのなかに「諸外国における原理運動＝実態及び各国政府の対処振り」と題した、外務省の概要報告がある。

各国政府の対応

この報告書は、米、英、ドイツ連邦共和国（西独）、フランス、オーストラリア、イスラエルの六カ国について報告しているが、そのなかでとくに注目されるのは、教勢の比較的大きいと思われるアメリカ、西ドイツ、フランスの三カ国の政府の対処ぶりである。以下、それを報告書から抜すいしてみる。

▽アメリカ　(1)米国の原理運動は、報道等によれば在米中の文鮮明を中心とする統一協会、同協会の下部組織といわれる韓国文化自由財団、自由指導財団の三

つに分かれて、宗教、慈善、教育等の各分野でそれぞれ活動が進められており、信徒は約三万人とされている。

(2)米国のマスコミは、統一協会の大がかりな布教活動に大きな関心を示しており、同協会は宗教団体を隠れミノに米国内で不法な政治活動を行なっているとの批判的な報道ぶりが多い。

(3)米司法移民帰化局は七四年以来、外国人が原理運動の伝道訓練生として活動することについて、①適切な訓練計画の欠如②街頭における献金募集が活動の主目的である等を理由に、これら関係者を強制退去処分に付すとの方針をとっている。

▽**ドイツ連邦共和国**　(1)マスコミでは国内の原理運動(「ムン派」と呼ばれている)が何回か取り上げられたことがあり、ムン派信徒が乞食行為をしたり、無届けの募金行為をしている事実が報じられている。

(2)原理運動及びムン派に対して、国内的な規制措置が取られたことはない。しかしムン派は一九七四年結社届けを出した法人である以上、結社法第三条に規定する前提に違反した場合は、解散命令等の規制を受ける可能性はある。

(3)外国人原理運動関係者の入国に関連して、同国政府は七六年一一月一八日付で、外国人法第一項第八号（乞食行為）または一〇号（自己生計維持無能力）の規定を根拠に入国させないと決定している。

▽フランス

(1)フランスでは原理運動に参加する大学生が、学業や家庭を放棄して布教に熱中するため、父兄が「盗まれた子供を返せ」と主張して抗議集会を開くなど、社会問題となっている。

(2)フランス政府は統一協会に対し、外国人団体法に基づく認可を与えていない。このため同協会の宗教活動（宣伝、修道など）に従事することを目的として来仏する外国人信徒については、その滞在を拒否している。

(3)しかし、同協会の信徒であっても、留学など他の入国目的で滞在を希望する者については、入国目的に応じた条件（財政的裏づけ）を満たす限り滞在を許可している。但し、こうしたケースについては審査を慎重に行なっている。

このほか台湾政府と国交のない日本行政当局としては、ここでは発表をさし控えているが、台湾政府が事実上の布教の全面禁止（一九七五年）という厳しい措置をとったことは、よく知られるとおりである（詳しくはのちに述べる）。

社会問題化の先進国・日本

こうして原理運動の影響の大きい国ほど対抗策を講じはじめているが、各国の一連の政府措置についていえることは、統一協会の活動を信仰の規制という点からではなく、社会秩序の維持という側面から問題視し、一定の規制措置を講じているということである。

さて、これら諸外国にくらべて、統一協会が世界で三番目の布教国という日本の場合はどうであろうか。

いうまでもなく、わが国では信教の自由は何人に対しても保障されている（憲法第二〇条）。いかなる信仰を持とうと個人の自由であるし、自由なる宗教活動も保障されている。ことに近代史のなかで〝暗い谷間〟といわれる戦争中のあの宗教弾圧は、われわれにいまなお痛切な反省をもとめている。その意味では戦後の日本は宗教団体にとって、きわめて開かれた国ということができる。

しかし、だからといって、すべての宗教教団がその活動を無制限に許容されているというわけではない。宗教法人法は宗教団体が「法令に違反して、著しく公共の福祉を害すると明らかに認められる行為をしたこと」があると認められるときは、「所轄庁、利害関係人若しくは検察官の請求により又は職権で、その解散を命ずることができる」（第八一条）としている。

また、昭和三一年六月三日、衆議院法務委員会は、当時の立正佼成会に関する人権侵害問題にからんで、「不正なる宗教活動に対する決議」をおこなった。この決議も、「もとより信仰の自由は憲法の保障するところである」としながらも、「布教その他の方法において不当に人心を強制し、或は基本的人権を侵害するが如きことは許されない」として、立正佼成会はもちろん、いわゆる新興宗教その他の宗教団体の「㈠布教活動にして、人権の侵害行為又は犯罪を構成するものについては、その摘発につとむべきである。㈡宗教法人法第八十一条の解散権を発動すべき事由ありや否やにつき、徹底的に調査すべきである」といった内容を盛りこんでいる。法務委員会のこの決議は人権擁護の立場からおこなわれたものであったが、志向するところは、不法な社会活動にたいする規制であった。限度はおのずから設けられているのである。

ところで、統一協会の活動については、同教団が日本で発足していらい、何回となく国会で問題になった。ことにマスコミの世界では、異常といえるほど頻繁に、しかも継続的にとりあげられて問題視されてきた。それは米、仏、西独の比ではなく、〝社会問題化〟という点でいえば、それらの国々よりはるかに先んじていた。が、政府与党の対応は〝反共宗団〟のゆえにむしろ積極的支援の姿勢がつよく、そのためマスコミの論調のなかには、統一協会と自民党保守政権との〝癒着〟を指摘するものが、すくなくなかった。これは統一協会の〝ご本家〟の韓国を別にすれば、きわめて特徴的なことといえる。

では、日本ではこれまでどのように社会問題化、もしくは社会問題視されてきたのか、つぎに新聞、雑誌の報道を軸にして、その経緯を辿ってみることにする。

2　マスコミからみた社会問題化

「親泣かせ」で表面化

原理運動が日本ではじめて報道されたのは、昭和四二年（一九六七年）七月七日付『朝日新聞』夕刊である。それまで統一協会、原理運動の存在はもちろん、教祖が文鮮明氏であるということすら一般にはほとんど知られていなかった。「親泣かせの『原理運動』、学生間にひろがる学業放棄や家出」と題した、その『朝日新聞』夕刊の見出しは、いまにすれば〈またか〉というほどの感じしか受けないが、当時はかなり衝撃的なものであった。

――「『原理運動』とよばれる宗教的活動が全国の大学や高校に広がりだし、そのため家庭を破壊されたという父母からの訴えが、学校や警察へ相次いでいる。親たちの訴えによると、このグループにはいった若い男女は性格が変わってしまい『理想社会をつくるため――』といって家出同然、学校には通わなくなり、活動資金をせびるため、関東では父母が〝被害者同盟〟を結成するまでになった」

という書き出しにはじまるこの記事には、原理運動を広めているのが、当時東京渋谷区南平台――に本部を置いていた大学原理研で、バックが統一協会、「この宗教活動は韓国人文鮮明氏（四七歳といわれる）が創始した。文氏は信者から〝再臨のキリスト〟と仰がれ、教団の象徴的存在だ」と書かれている。

戦後、日本には新興宗教が雨後の筍《たけのこ》のように簇生《そうせい》した。たいていの新興宗教には動じないはずの日本人も、この韓国産宗教の突然の出現には驚いたものだった。しかも、すでに「その組織は全国七十の大学におよび、会員は約千人、ほかに高校生約千人、社会人の青年約三百人だという（全国青年原理研究会、梶栗玄太郎統一局委員長の話）」とあって、事態は意外にふかく静かに進行していることをうかがわせた。

のちに勝共連合事務総長になった梶栗氏は、『資料・国際勝共連合の歴史＝燃え上れ勝共の炎』のなかで、当時のことをこう記している。

「（略）七月七日中共の御用新聞といわれていた朝日新聞夕刊に『親泣かせ原理運動』という中傷記事が掲載されたことが、一石万波となり、以来、約半年間に及び新聞雑誌合計七十数社がわれわれの団体について非難中傷をあびせかけ、言うに言えない苦痛を味った。親たちは〃子供を返せ〃と叫びデモをかけ、マスコミは社会問題として煽動したが、その背後に共産党が存在――この運動の拡大を恐れて、早くも芽のうちに摘みとろうとして、ヒステリックに攻撃を加えてきたのは明らかであった」『朝日新聞』を「中共の御用新聞」、マスコミの背後に「共産党」という短絡した見方は、いかにも勝共連合らしいが、この夕刊を契機にしてマスコミの目が一斉に原理運動にむいたことはたしかだった。

このころ『朝日新聞』が統一協会にかんする〃スッパ抜き〃をおこなったのは、すでにおこなうだけのいわば社会問題としての〃症状〃が顕現していたからである。もう一度、さきの『朝日新聞』夕刊にもどってみる。そこには学業放棄や家出について、次のような内容を伝えている。

○日本では昭和三十五年ごろから布教活動が始まり、大学生を重点にした共鳴者をふやし三人一組の街頭布教、廃品回収による資金かせぎは人目をひき、五月末には東大の安田講堂に約二千人を集めて関東原研大会を開くまでになった。

○学生会員と家族とのトラブルが表面化してきたのは三十八年ごろからだが、昨年十一月には早大、法大生らの父母十二人が全大原研に押しかけ①学業放棄を煽動しないように②親の承諾なしに宿舎に泊りっきりの子女を即日帰してほしい③子供を〝人質〟にして、親の弱みにつけこむような寄付金集めはやめるべきだ、などと申入れた。

○昨年夏からは、修練道場建設基金活動（目標三千万円）が始り、それまで本部に寄宿して大学にも家庭にも顔を見せなかった男女学生がいっせいに帰宅し、親に寄付金を要求するようになった。十二人の父母でつくられた〝被害者〟の会代表・高橋一博さん（大宮市監査委員）の話によると、親に対して赤ん坊にさとすような口ぶりで説教をするうえ、寄付金を断わられると、いきなり親を「サタン（悪魔）」とののしり、断食をしてテコずらせたり、「遺産の前渡しを要求しているだけだ」など、各家庭で親をおびやかす文句が共通しているので、父母たちは「指導者の暗示または指示に基づく行動だろう」といっている。

○寄付さわぎが一段落したこの六月中旬、文鮮明氏が韓国から東京に乗込んでくると、それまで一時家庭に落着いていた大学生たちは、また家を飛び出し、都内各所の「合宿ホーム」に泊り続けるようになっている。
○父母の訴えは全国にわたっており、前橋市などの父母三人が群馬県知事あてに「未成年の女子がそろって洗脳されてしまい、東京の本部へ家出したまま帰って来ない、何とかしてほしい」と訴えているほか、東京、大阪、京都、福岡、長崎、広島などの都府県宗教法人係、教育委員会、警察本部などに二十件ほどの問題が持込まれている。

ここにみられるのは、初期、親たちとくり返されたトラブルのパターンのひとつである。親たちはこのあと代表七名が東京法務局人権擁護部と東京都行政部（宗教法人行政担当）に実情を訴え（七月一四日）、原理運動にたいする世間の関心がいちだんと高まった。当時、家をとびだして親子のトラブルを起こしていた学生は、都内だけでも一二〇人以上といわれた。

父母の会の結成

こうした事態に、大学によっては夏季特別講座を設けて、単位のおくれをとり戻す措置を講じたところもあった。そのころの報道によると、早稲田大学では原理研会員は約六〇人、うち四〇人がまったく学業放棄状態で、このうち父母が賛成しているのは一人だけ。また、すでに退学して布教師になったものが七人、このほか「〝再臨のキリスト〟と仰がれる韓国人文鮮明氏と父母の板ばさみになって悩み、精神分裂症になって静養中の学生もある」（『朝日新聞』六七年八月六日付）という深刻な家庭もすでに発生していた。

こえて九月七日「今やその被害は個人的な家庭や親子関係だけでなく、その積極的な活動は社会問題にまで発展しつつあります。私たちは個人的に子女の説得、指導者との交渉など、あらゆる努力を続けましたが、何らの効果も得られません。それどころか、われわれと同じ苦しみに泣く者が急激にふえる傾向です。もはや個人の力ではどうすることもできません。それでその対策として、今回私たち父母が、全国的に悩む者の強固な組織を作り、世論に訴え、批判を願い、活動の基盤を失わせるために『原理運動対策全国父母の会』を結成することにしました」という呼びかけの新聞への投書が、前記の高橋一博氏によっておこなわれ、九月一六日には東京新宿の東京社会保険会館で「第一回原理運動対策父母の会全国代表者大会」が開かれる。

この原理運動対策父母の会は、その後、激しい運動を展開して、かなりの高揚をみせたが、やがて自然消滅のかたちをとり、昭和五〇年に「原理運動被害者父母の会」として再編される。〝対策父母の会〟を第一次反対運動の会とするなら、〝被害者父母の会〟は第一次の運動をひきついだ第二次反対運動の会ということができる。事実、第二次の〝被害者父母の会〟が旗上げしたとき、第一次のころの会員が相当数入っていたという。

第一次の〝対策父母の会〟が結成されたころ、マスコミでは教祖・文氏については経歴などもはっきりしない〝ナゾの人物〟とされていた。『朝日新聞』が教祖名をはじめて報道したあとも、なお一部の新聞には「原理研のバックに宗教法人統一協会があるといわれている」という解説記事がでるほどで、教祖の経歴はおろか、統一協会という組織自体も外部の者にはつかめないありさまだった。もっとも統一協会はおそろしく閉鎖的な側面があって、外部の者にはいまなお不明な部分がすくなくない。

文鮮明氏の経歴についても、第一次父母の会が結成されたのち、父母たちが各方面から情報を集めて調べたが、その結果も漠とした略歴ていどのことしか判明しなかった。

勝共連合発足への布石

父母の会が結成されるすこしまえの昭和四二年六月、来日した文鮮明氏は山梨県本栖湖《もとすこ》畔にある全国モーターボート競走会連合会の施設「水上スポーツセンター」会議室で、日本の右翼陣営の実力者たちと会合を持っていた。

出席者は「韓国側文鮮明氏、劉孝元氏、日本側は笹川良一氏、児玉誉士夫氏代理白井為雄氏、市倉徳三郎氏ら」（筆者注・劉氏は当時韓国統一協会会長、市倉氏は護国団顧問、『競艇新聞』昭和四二年八月一日付によるとこのほか山下幸弘（天照義団）、畑時夫（庶民の生活を守る会）の右翼人各氏が出席している）、この会議では、「アジア反共連盟」の結成準備が話合われたが、「民族陣営の不一致により」、ついに実現をみることはなかった。しかし「本栖湖会談の精神に基づき」、笹川良一氏を名誉会長（筆者注・昭和四七年辞任）、久保木修己氏（日本統一協会会長）を会長にして勝共連合が発足するのは翌四三年四月一日である（『資料・国際勝共連合の歴史』）。

ところで前年の一〇月、原理運動が騒がれているころ、新聞は「ひところ、この宗教の幹部に反共、反創価学会的な言動が目立ったため、文部省などの宗教関係者や治安当局も、原理運動のゆくゆくのねらいは政治進出にあるのではないかと見ていたが、いまでは、キリスト教の流れをくむ新興宗教のたんなる布教活動、それが性急な戦術で家庭内に摩擦を起したとの見方に落着いている」(『朝日新聞』昭和四二年一〇月八日付)と報じている。関係当局が本当にこのように見ていたとすれば、まさしく見当はずれだったわけだが、いいかえれば当時関係当局にしてそれほど統一協会の内情を知ることが困難であったということもできるわけである。いずれにしても、マスコミに現われた統一協会はナゾの教祖といい、学生信者の家出といい、それまでの宗教団体の在り方からは考えられない、きわめてミステリアスな登場の仕方をし、しかも閉鎖的であるがゆえに疑惑の濃度を一気に高めて、社会問題化のスタートを切ったのであった。

布教目的に密入国

北の平壌から発した布教期間をへて、韓国に正式に統一協会が設立されるのは、一九五四年(昭和二九年)五月一日、朝鮮戦争が終結して休戦協定が調印された翌年のことである。

昭和三三年（一九五八年）六月、当時まだ正式に国交が開かれていなかった日本にひとりの男が密入国する。男の名は崔翔翼（崔奉春ともいわれる、日本名・西川勝）、文鮮明教祖の指示によって、布教を目的に密航してきたものである。密航後、彼は捕われるが、その後脱出して、翌年から布教を開始する。根拠地は雄鶏舎という時計屋の二階から、統和社という印刷所、飯田橋、新大久保、馬橋、東北沢、下北沢、南平台、そして現在の松濤町（東京渋谷区）へと転々と移り変わる。雄鶏舎では統一協会としては「日本最初の聖日礼拝」がもたれた。そのとき礼拝者はわずか四名であった。昭和三九年（一九六四年）七月一六日、宗教法人日本統一協会設立。ひきつづいて全国大学原理研もスタートする。統一協会会長久保木氏は、立正佼成会庭野日敬会長の秘書をしていたが、転向して統一協会に走ったものである。なお、立正佼成会で最初に統一協会と接触を持ったのは初代大学原研会長小宮山嘉一氏で、久保木氏が立正佼成会を去るときには、大量の青年信者が行をともにし、これが日本統一協会の基礎をつくったといわれている。内部機関誌『成約の鐘』（No.4）は、当時のことをこう記録している。

「〈馬橋のころ〉（前略）久保木会長、小宮山嘉一、周藤健、阿部知行、島田嘉則（中略）の兄姉がきた。〈東北沢のころ〉東北沢は、多くの佼成会の人達が復帰されたゆかりの地です。ここで初めて四十日の第一期特別修練会が持たれ、一度に四十人以上もの参加者を見ました。（中略）その間、東北沢の館は満員で、廊下から玄関までぎっしり、久保木会長も玄関の上がりはなに寝る始末でした。この館は『立体文化センター』と呼ばれ、あるクリスチャン家族の全面的協力によって建てられたものです。（後略）〈下北沢のころ〉（前略）宗教法人として法的に認められたことなどは最も重要な事柄だと思います。他にも、全大原研の設置、講義所の開設、活動としては全国の兄弟達を一堂に会しての開拓伝道後の心霊復興大会や青少年問題に関しての講演会の開催など、活発な動きがありました。（後略）〈南平台のころ〉高級住宅街のまん中の堂々たる門がまえは少し入りにくい感じがしましたが、中は全く和やかな家庭でした。本部、青年部、学生部、事業部等、全教会が一つに集まり、西川先生、美植先生、久保木会長を中心に生活していました。（中略）大先生（筆者注・文鮮明教祖）を初めてお迎えしたのはこの時代である。〈松濤本部〉子供の遊び場になっている荒れ果てた空き屋を改装したのが松濤本部の始まりである。

その後改築、増築して現在に至っているが、すでに、催し物のある時など、ホールは超満員である」

昭和四二年（一九六七年）の夏、朝日新聞夕刊によってマスコミの眼がいっせいに注がれはじめたころの統一協会は、まだ渋谷南平台のころである。その年の秋、統一協会は松濤町へ移っているが、このころ「親泣かせ」「学業放棄」につづいて、さらにマスコミを騒がす事件が発生した。

あいつぐ奇異な事件

一〇月一六日、明治神宮は代々木寄り内苑の北側、北池をはさんで、宝物殿と広い芝生に向かい合った雑木林の一帯に「立入禁止」のクイを打った。じつは統一協会が、この雑木林の小高い丘の一角を〝聖地〟にしていたのだ。それも「約三年前ここを日本の〝大聖地〟に定め、以後信者たちの早朝祈とうの場にしてきた。この決定は信者が神と仰ぐ韓国人教祖、文鮮明氏（四七）と協会幹部の間で進められ、もちろん神宮側にはなんの話もなかった」（『東京新聞』昭和四二年一〇月一八日付）というもの。

このとき明らかになったのは、聖地はここだけでなく日比谷公園、井之頭公園、戸山ヶ原の通称〝箱根山〟（東京新宿区）にもあるということだった。奇異というか、まさに外部の者には理解をこえるものとして映ったものだった。

このころ週刊誌などでは、統一協会の関連産業「幸世物産」や、信者が経営しているレストラン「ルポン」などが「教団の資金源か」といった報道をおこなっていた。この現実的な側面は理解できても、既成宗教の聖地を勝手に〝聖域〟とする統一協会のありかたには、一様にとまどいを感じ〝奇怪〟と表現するものもあった。

人をおどろかすニュースは、さらにあいついだ。その年の暮れの一二月五日、二人の原理運動の青年が、滝に打たれて死亡する事故がおきたのである。

現場は大分県直入郡久住町の通称〝雄飛の滝〟、二人は当日、福岡県の大牟田市から到着、午後水行をしていて、心臓マヒを起こしたものと警察は発表した。死んだ一人は九大医学部三年生、もう一人は明治大学を卒業後、九州地区で伝道師をしていた。それにしても厳冬の零度以下の水温の滝に打たれた場合、どのような事故がおきるか、医学生なら当然のこととして判断できたであろうに、これもまた理解をこえる行動だった。

その翌年の昭和四三年一月、『東京新聞』の記者が松濤町の統一協会本部でおこなわれた東京地区月例修練会に参加して、ルポを発表した。筆者の知るかぎりこれがジャーナリストの手になる、初の修練会ルポである。

――三十九畳敷きの大広間。黒板が一つ。ピアノが一台。十八歳の大学一年生から二十四歳のサラリーマンまで男七人、女三人の新入り〝修練生〟たちは、講師・小山田秀生さん（二六）の最初の祈りを待ち受ける。その耳を打ったのは「――オトウサマ！」――という書きだしに始まるこのルポは、最後にこう結んであった。

「そして四日目の最終日。『いってらっしゃい』と送り出されるときには、大半の若ものは会員たちと堅い握手をかわしていた。あまりあっけない洗脳ぶり。彼らはこの宗教の生い立ちも、基礎のキリスト教も、韓国にいる教祖・文鮮明氏の存在も教えられないままに、原理運動のとりこになってしまったようだった。なぜこんなに簡単なのか。学校でも家庭でも精神教育の場を持たない現代の若ものたちは、いわば免疫なしにインフルエンザにかかる幼児のようなものなのだろうか――協会の門を出てから、そのことがいつまでも心にひっかかった」（同七日付）

〝洗脳〟の社会的土壌

筆者の手もとに某信者が、協会での講義や説教を綴ったノートがある。このルポが発表されて四年後の昭和四七年（一九七二年）になっても、会長代理の話として「二十五歳までのお父様（筆者注・文教祖）の路程はあまりよく分らない」と、そのノートには記入されている。さきのルポでは、「いま神（オトウサマ）の再臨で救いの期がきた」と教える、とある。この場合、オトウサマとは、いうところの天にましますの神なのか、再臨主とされる文教祖のことなのか判然としないものがある。統一協会の対外発表では、オトウサマとは〝神〟を指すようだが、元信者によるとそのへんはなんとなく曖昧に使い分けられていたという。

それにしても、教団の生い立ちも、教祖の存在も教えられないまま、若ものたちがなんと「あっけなく洗脳」されることか。ルポが発表された当時と現在では、統一協会の〝新入修練生〟に対する教え方は、いくらか変っているかもしれない。もはや「文鮮明」の名は、あまりにも有名であるし、教団そのものについてもかなり知られているからだ。

しかし、いとも簡単に〝洗脳〟される若ものたちの意識はとなると、あまり大差ないのではないかと考えられる。昭和五二年(一九七七年)五月二三日付の『東京大学新聞』に、その意味できわめて興味ある記事が載っている。駒場の保健センターの女性職員をインタビューしたそのコラムによると、窓口でろくに口もきけない学生がいるうえ、月に二、三件は保健センターにきた〝幼稚学生〟に、母親が電話で「○○ちゃんどこが痛いの」ときいては、職員に「頭が痛いと申しておりますけど」などと取次ぐケースがあるという。そこで女性職員は「大学生と思うと腹が立つから、小学生のように思って、そのように扱っています」と答えている。

いま、その発生原因は措《お》くとして、この〝幼稚学生〟をひとことでいえば〝人格の幼稚化〟というよりは、〝正常な人格形成のストップ化〟であるといえよう。そのような学生が東大生だから多いのか、東大生だから目立つのかは、容易に判定をくだすことはできないだろう。ただいえることは、そのような大学生も存在するようになったという、若ものの一般的傾向である。この傾向が原理運動にかぎらず、あらゆる洗脳の容易さの一因になっているとはいえるであろう。

しかも一方で、社会のおぞましいほどの混濁化と腐敗化がひろがる。純粋な者ほど改革への情熱をかきたてられる。若ものが原理運動にとりつかれるとしたら、とりつかれるだけの社会的土壌があることも、否定できない事実であるのだ。

ソウルで合同結婚式

昭和四三年になって、世間を瞠目させたのはソウルでおこなわれた合同結婚（集団結婚）の報道である。

合同結婚式は、昭和五〇年までに計八回おこなわれている。①三五年四月＝三組②三六年五月＝三三組③三七年六月＝七二組④三八年七月＝一二四組⑤四三年二月＝四三〇組（うち日本からの参加者一組）⑥四四年＝四三組（二二組・日米独の各国でおこなう）⑦四五年一〇月＝七七七組（二三〇組）⑧五〇年二月＝一八〇〇組（七九七組）。

昭和四三年の合同結婚式は、さきの⑤の五回目にあたる。同年二月二二日、ソウル市の市民公会堂でおこなわれ、当時〝史上最大〟のカップル数といわれた。式場には韓国全土から集まった信者代表八六〇人、政府高官、家族など四千人がつめかけ、白衣の教祖夫妻が新郎新婦に〝聖水〟をふりかけるという儀式がおこなわれた。このとき日本からの参加者は一組だけで、新郎新婦は韓国人信者がほとんどだったようだが、教祖文鮮明氏が依然として〝ナゾの人物〟といわれていただけに、この合同結婚も日本では異様な集団結婚として映り、つぎのような報道もおこなわれた。

「同協会の公式説明では――。この日結ばれたカップルは、昨年十一月の練成キャンプで互いに相手として好もしい五人のリストを協会に提出した。そして最後に協会責任者が組み合わせを調整、指名した――というのだが『年内には日本も……』というウワサのある、この原理運動製集団結婚のねらいはどこにあるのか。

この結婚式に日本から出席した元代議士、日本船舶振興会会長笹川良一氏は、このニュースを大きく報じた韓国紙をふりかざしながら、ぶちまくる。

『全人類を兄弟姉妹と考える文鮮明氏は実に大人物。くだらん子どもは生むな、いい子どもをウンと生み、きびしいシツケで世界人類に役立つ人間を育てようというのが彼のねらいだ』

そして笹川氏は式では主賓として『日本に〝急がば回れ〟ということわざがあるが、社会への奉仕が結局、自分自身の幸福につながるものだ。しっかりせい――』と〝祝福〟をぶったという。最近ではクイーン・エリザベス号を買いとろうとして話題になったこの人、今では原理運動の日本における最大の支持者であり推進者で

ある」（『東京新聞』昭和四三年三月一三日付）

ちなみに、このときの合同結婚式には笹川氏のほか、「日本統一協会会長の久保木修己氏夫妻、同協会全国巡回伝道部長、松本道子さんほか数人が出席したが、久保木会長夫妻はその席で、教祖からはじめて結婚を正式に認められたという。同夫妻は法的にはすでに結婚、別々に伝道生活を続けてきたが、これは文鮮明教祖がはじめてOKを出したわけ。その結果、同夫妻が日本の統一協会員としては〝正式〟な結婚第一号なのだそうだ」と、前掲紙は報じている。

こうしたことから、つぎはいよいよ日本人信者の集団結婚か――という親たちの心配が生じた。また、「他国の信者と結ばれることもありうる」という統一協会側の報道機関にたいする回答、さらに最後の決定は文教祖がおこなうということが親たちを驚愕させた。

前年結成された原理運動対策父母の会（高橋一博会長）は、その後、毎月定例会を開いて対策を協議していたが、親たちのなかには子供への小遣いを凍結して、協会への献金をシャットアウトしようという者がでてきた。また、前年から父母のあいだでくすぶっていた修練所建設の寄付金の行方をめぐる疑惑を追及する動きもでてきた。

昭和四三年九月二八日、父母の会は修練所建設の募金は詐欺だとして警視庁へ訴えた。内容は昭和四一年九月ごろ、神奈川県厚木市内の土地に統一協会の修練道場をつくるといって、信者や父母から約三千万円集めたが、建設予定地の三分の一は実は昭和三九年に東名高速用地として売却ずみであり、残りも担保に入っていたというものだった。これに対して統一協会側は献金の使途ははっきりしていると否定、両者の見解は対立した。が、結局この告訴は不発に終わった。

エアライフルの大量輸入

こえて昭和四四年は〝七〇年安保前夜〟(一九六九年)である。政治的緊張を予想されるなかで、統一協会が強力なエアライフルを輸入しているという、衝撃的な事実が明るみにでた。

「散弾銃、大量に買う原理運動の会員たち　警察庁所持申請に不安」と報じた新聞は、こう伝えた。

「東大、早稲田など全国約百二十大学をベースに、特異な宗教、思想活動を展開している『原理運動』の会員たちが、最近、全国各地で韓国から輸入した狩猟用散弾空気銃を大量に〝組織的〟に購入し、所持しようとしている事実が警視庁の調べでわかった。

昨年十一月からの三カ月間で同会員から全国の警察署にサミダレ的に約千丁の所持許可申請が出されており、このうちすでに三百五十丁の所持が資格審査のうえ認められていたが、この事態を重視した同庁では慎重に対策を検討した結果①同散弾銃が一般銃砲店などを通さず、同運動の組織を通じて、おもに会員にだけ販売されている②所持目的や用途があいまい③狩猟解禁がこの十五日で終わるので、今シーズン中の狩猟用とは思えない④散弾を使用するため、標的射撃には向かないし、危険性も高い――などの点から今後『当分の間』同散弾銃の所持許可を認めない方針を決めた。

こうした銃砲の〝集団大量所持申請〟はいままでに例がなく、とくに、同運動が〝反共〟を旗印とした活動にも力を入れているだけに『安保を前にした擬装武装だ』との見方もでき、治安関係者に強い衝撃を与えている。これに対し、同会員たちは、『合法的なスポーツ銃なのに会員だけに許可をきびしくするのは違法だ』と強く抗議しているが、今後こうした銃砲の取り扱いが、保安、治安上の大きな問題になりそうだ」(『読売新聞』昭和四四年二月三日付)

散弾銃の威力

この銃の名称は「鋭和B3」、口径六・四ミリ、全長一〇五〇ミリ、空気圧縮方式で五連発。鉛弾六〇発をつめた一発の散弾の威力は、二〇メートル先でも直径約六〇センチの範囲にわたって弾が飛び散り、ベニア板をかるく撃ち抜き、キジやヤマドリを落とせるといわれた。強力な威力である。

エアライフルB3は、のちに国会でも問題になるが、これを輸入したのは統一協会関連企業の幸世物産、また韓国でのB3のメーカーも韓国統一協会系の会社だった。

警察庁のこの措置にたいして、「警察はすぐ色目でみる。凶器だなんていうが、純然たるスポーツ用の銃だ。勝手に私たちをウルトラ右翼なんて誤解して思いつめるのだろう」という意味の反論を当時統一協会側はおこなった(『朝日新聞』昭和四四年三月一〇日付=小山田全国大学原理研究会会長の話)。

しかし、〝たんなるスポーツ用〟とみるには、あまりにも疑惑が多すぎた。さきの所持許可を認めないという理由のほかに、たとえば週刊誌あたりはすでに原理運動が社会問題化した昭和四二年、幸世商事について「妙なこともある。仕切り屋といわれる幸世物産が、登記所に登録した〝事業目的〟には、古紙、パルプの製造販売はもとより、鉱石、非鉄金属の製造から『鉄砲の製造、国内販売及び輸出入』まですることになっている」（『週刊現代』昭和四二年九月二八日号）と疑惑を投げかけていた。

また、日本共産党機関紙『赤旗』は、ほぼおなじころ、「右翼と結ぶ原理運動、日本人最高幹部が反共青年講座に参加」という見出しで、同年八月本栖湖畔で開かれた日本青年講座の「一九七〇年安保時にそなえる中核分子養成」「右翼指導層養成」の合宿に、統一協会の久保木会長ならびに小宮山全大原研会長の二人が参加していると指摘。「久保木は第八班の班長、小宮山は第五班の筆頭班員でした」と報じていた（昭和四二年九月二七日付）。

統一協会がエアライフルB3の集団所持申請を、いかに「スポーツ用」といっても、額面どおり受けとることができない過程があったのである。さらに、警察庁が不安を抱いたのは、会員の間に狩猟射撃クラブができてブームになったといっているが、

「約三分の一、千人もの会員がいきなり所持しようとしたり、申請、審査のとき『銃をいままで一度も持ったことがない』『取り扱いを全然知らない』という学生がでたりで、狩猟や射撃を愛好するにはお粗末すぎること、購入所持理由に十二月十八日から四日間韓国で開かれた射撃大会に参加するためという大学生が多かったりしたためで、『単なるスポーツ用の銃とみるのは不自然だ』（小野島警察庁保安課長）」（『読売新聞』昭和四四年二月三日付）とみられたのである。

京都でＷＡＣＬ総会

この年一〇月七日、東京大手町のサンケイホールで勝共国民運動東京大会が、一一月三〇日には早稲田大学でアジア学生勝共大会がそれぞれ開かれた。また、一二月にはタイのバンコクで開かれた第三回世界反共連盟総会に久保木会長がオブザーバーとして出席、次期開催国を日本にすることを提案して、可決されている。

世界反共連盟は通称「ＷＡＣＬ《ワクル》（World Anti-Communist League）」と呼ばれる。発端は一九五四年韓国の李承晩大統領と、台湾の蒋介石総統の提唱で設立された「ＡＰ《アパ》ＡＣＬ《ツクル》（Asia Peoples Anti-Communist League ＝アジア人民反共連盟）」を源泉にして、六六年WACLへと発展したもの（APACLも併行して継続）。WACLの第一回大会は台北、第二回はサイゴン、第三回がバンコクとつづいていたものである。

昭和四五年（一九七〇年）一月二一日、ソウルの市民会館で第一回アジア勝共大会が開かれたのを皮切りに、五月一一日落成まもない立正佼成会普門館でWACL躍進国民大会、つづいて九月一五日京都国際会館で第四回WACL総会、九月二〇日東京武道館でWACL日本大会が開かれた。

WACL躍進国民大会では自民党副総裁川島正次郎氏が佐藤栄作総理（いずれも故人）のメッセージを代読。WACL総会では佐藤首相のメッセージを二階堂官房長官が代読。

また、総会前日のWACL総会前夜祭では自民党全国組織委員長の辻寛一氏、衆院議員小川半次氏が挨拶、参加者は四条河原までデモ行進した。警備には笹川氏が会長である全日本空手道連盟所属の京都市内の空手道場から、有段者が稽古着姿で多数参加した。

勝共連合とWACLの結びつきはさきにふれたが、勝共連合がWACL及びAPACLと、その日本支部自由擁護連盟理事長渡辺銕蔵氏の存在を知ったのは、この総会前年の七月ごろの模様である。つまり六九年の七月ごろ存在を知って、一二月にはバンコクの総会にでかけて行って次期開催地を日本と提案し、翌年九月に開催と、すさまじい勢いで反共大集会をひらくにいたったのである。

「勝共カンパ」「北方領土返還促進」「青少年保護育成」「東南アジア援助資金を」といった募金活動や、街頭の花売りがマスコミにしきりに登場したのもこのころである。原理運動の若者たちのその姿は「突然わいてでたバッタの群れのよう」（『朝日新聞』昭和四五年一月一八日付）であった。

なおこの間、久保木氏は韓国、アメリカを訪問、朴正熙大統領、丁一権国務総理、キッシンジャー大統領補佐官、ハンフリー前大統領、それに超タカ派といわれたサーモンド上院議員や、キューバのカストロ首相の妹で反共主義者のファニータ・カストロ女史（アメリカに亡命中）などと会談した。

二万人を集めた日本大会

一連の大会のなかで、とくにマスコミの目を捉えたのは、九月二〇日に開かれた武道館でのＷＡＣＬ日本大会である。二万人を集めたといわれるこの大会には、朴韓国大統領、蔣国府総統、チュー南ベトナム大統領、マルコスフィリピン大統領、タイのタノム首相、アグニュー米副大統領など、いわゆる世界の〝反共の闘士〟からメッセージが寄せられ、日本政界からは佐藤首相、川島副総裁、船田衆院議長、福田蔵相などからもメッセージや祝電。自民党タカ派の賀屋興宣氏が三〇分間にわたる演説をぶった。

こうして、たとえば「右翼もタジタジ〝反共・特攻隊〟原理運動が起点〝原理の法衣〟から戦闘服へ」（『東京新聞』昭和四五年九月二〇日付）、「共産党を〝洗脳〟するという勝共連合　カストロの妹がゲストとして来日した勝共連合」（『週刊文春』）、「カストロの妹の来日に日本の保守の浮かぬ顔」（『週刊新潮』）といった報道がおこなわれた。これらの報道のなかで、つぎのような各氏のコメントが注目をひいた。

「統一協会の組織を作るとき、私は創価学会を手本にしたのであります。かつて立正佼成会が全盛のとき、創価学会はまだ数十人の微々たるメンバーで、それも神田のソバ屋の二階あたりで佼成会の盛名をじっとにらみながら、核になる若者の育成に時間をかけたのであります。このときの連中が学会を微動だにすることなく支えているこを思い、私は核になるべき若者の育成に時間をかけました」(『週刊文春』)「将来、『勝共』は党を作り、政治に参加していかなければ、目的は達成できないかもしれない。今のような汚濁の政治に関与する気はないが」(『週刊新潮』)＝以上いずれも久保木修己氏。

「自民党青年部長・山口敏夫氏の話『結局、台湾、フィリピンなどの反共国家なら多少バックアップできるんでしょうが、日本では共産党は合法政党だし、政府が表立ってというわけにはいかん。しかし彼ら(『勝共連合』)も熱心に活動しておるし、党のほうでも側面的にお手伝いしましょうということなんですね。だけど、党内においても、いろいろ問題はある(略)ぼくの参加の仕方はオブザーバー的なもんでね。実は青年部の首席代表になっているのは知らなかったんで、見てびっくりしてね。あれはぼくの了解なしで入れちゃったんです』」(『週刊新潮』)

「『原理』の推進母体『統一協会』の会長が前記の久保木氏なら、『勝共』の会長も同氏。警視庁公安三課の分類でも『新興宗教を起点にした右翼は珍らしいが、間違いなく右翼反共団体。というと彼らはいやがるけどね』(北出同課長)」(『東京新聞』)

「当然のことながら笹川（筆者注・良一）氏は『私にしたら可愛い。目の中に入れても痛くない。素直さがあり、公益優先主義である。私の手足となって働いてくれるし、私はいわば彼らの高等用心棒です』と手放しのほめようだが、一方、赤尾敏氏のようなきびしい評価もないではない。

『彼らがあんなことをいい出してからまだ一、二年だから、よく知らんが、世界大会で外国に呼びかけておきながら、国内では私をはじめ四十年も五十年も反共運動をやっている連中にハガキ一本よこしてない。そして、どうして金を作ったか知らんが、反共運動を金で買い占めて、われこそ日本の反共団体の総元締だと国際的にアドバルーンをあげ、台湾や韓国は日本を知らんから、そうだと思ってしまう。しかし、日本の右翼団体は三百もあって、みな苦労してきたんだ。あんなの反動的ブルジョア反共運動だ。そうでしょう。共産主義の悪口だけいって、現体制の擁護じゃないか。ぼくらはね、共産主義を生んだ資本主義もやっつけているんだ（略）』」

（『週刊新潮』）

WACL総会が成功した翌月の一〇月二一日、統一協会はソウルで前回を上回る七七七組の合同結婚式を挙げた。このとき日本から二三〇組が参加。これを説得し、阻止しようとする親たちとのトラブルが報道され、あらためて合同結婚とは、統一協会とはなどが俎上にのぼった。

また、この年には親ならずとも慄然とさせられる事件が発生した。

「茨木事件」と「日本の狂気」

昭和四五年七月一五日、大阪茨木市上穂積——の宿泊施設「生命の貯蓄クラブ」でおこなわれていた関西原理研究会の合宿で、ひとりの学生が死亡した。この事件は当時、マスコミで大きく報道された。だが、〝ナゾの変死事件〟とされたその事件は、翌年二月大阪地検が「監禁致死罪」で起訴して、ようやく事件の内容が明らかになった。

それによると、原理研指導員で伝道師のT（二三歳＝ここでは本人の将来のため名を秘すことにしたい＝筆者）は、関西の公私立の学生会員約四〇人を集めて四五年七月六日から一九日までのあいだ、「生命の貯蓄クラブ」で夏季合宿修練会を開いた。ところが、参加していた関西大学法学部一年生のY・T君（当時一八歳＝遺族を配慮して匿名とする＝筆者）の精神状態がおかしくなった。これに対してTは六人の指導員たちとY君の両手足をしばりあげて監禁、すきをみてY君は四・六メートルの二階から飛びおり、全身打撲の傷を負った。

しかし、TらはY君を医者にもみせず、家族への連絡もせず、二昼夜にわたって監禁をつづけ、Y君は一五日午前四時ごろ、全身打撲と空腹による全身衰弱で死亡したというもの。なお、大阪地検公安部の調べに対して、TはY君は発狂状態になったが、「これは霊的現象で、祈りや説得で治るので、祈りつづけた」と答えたと、当時の新聞は伝えている。

ちなみに、この事件はT以外の六名は微罪で不起訴。Tは情状を酌量され、四九年四月三日「懲役一年、執行猶予二年（監禁罪並びに保護責任者遺棄致死罪、併合罪として刑のいい渡しは後者）」の判決があって、刑が確定した。判決の「罪となる事実」は次のようになっている。

――被告人は、世界キリスト教統一神霊協会の教義に共鳴して全国大学原理研究会に入会し、その指導員となって右教義の研究および普及伝道に従事していたところ

（略）同合宿に参加したY・T（当一八歳）が同月八日ごろから精神錯乱状態に陥り、同月一三日午前二時ごろ、大声をあげ、手足を激しくけいれんさせるなどの発作を起こし、これをとりしずめようとする被告人や合宿の世話役（班長）らに殴りかかるなどの狂暴な行動をしたため、六名の世話役らと共謀のうえ、
第一　同日午前五時ごろ、前記「生命の貯蓄クラブ」西棟二階北端の部屋（三二畳）において、右Y・Tの両手両足をそれぞれタオル、さらし、子守用紐などで縛ったうえ同人を横臥させ、さらに前記世話役らが交替で常時同人の動向を監視し、よって同人の脱出を不能にして同月一五日午前二時ごろまで同人を同室内に監禁し、
第二　右Y・Tが前記のように精神錯乱状態に陥り、そのため同月一三日朝からほとんど水や食物を摂取せず、あるいは激しく暴れまわるなどの自傷のおそれがある状態に至ったので、合宿の責任者として直ちに医師の診察治療を受けさせ、医師による栄養補給等の生命、身体の安全を維持する適切な手段を講ずべき保護責任があるのに、前記のように漫然監禁したまま同月一五日午前二時ごろまで放置し、よって同人をして二階窓から飛びおりるなどして暴れまわった際生じた全身打撲と右の間ほとんど食物を摂取しなかったことによる栄養障害とが相まって生じた全身衰弱

のため、そのころ前同室において死亡するに至らしめたものである。

統一協会の合宿の修練会で、精神錯乱状態に陥るケースは、またのちにふれるが、刑事事件化したのはこれが初めてである。

昭和四六年二月、荒井荒雄氏が『日本の狂気』（青村出版社）と題する本を刊行した。数年がかりで収集した資料をもとにした、初の統一協会批判書だった（翻訳書としては『原理運動の秘事』韓国書籍センター刊がそのまえにある）。これによって文鮮明教祖の〝ナゾ〟の部分がかなり明らかにされた。また、それまでマスコミで〝奇異〟〝難解〟とされてきた教理も、この本と、さらにその後につづいた続編、続々編によって、部外者にはわかりやすい参考書となり、父母の運動にも影響を与えた。

東京都知事選と〝災害〟

昭和四六年四月、東京都知事選がおこなわれ「東京を災害から守る会」という組織が一と役かった。この知事選は、美濃部亮吉氏対秦野章氏の保革をかけた決戦といわれ、美濃部氏の福祉重点政策に対して秦野氏は警視総監出身らしく「四兆円ビジョン」を打ち出して、東京を災害から守る政策を主要な柱にかかげた。このとき、「東京を災害から守る会」という、それまで聞いたこともない団体が、「大地震がやってくる　核攻撃以上の被害」「迫りくる大地震の恐怖　東京中は焼野原と化す」といったセンセーショナルな見出しのビラを大量にバラまいて、美濃部陣営から〝秦野選対の別動隊〟かと攻撃された。

しかし、この会の代表である橋本勇という青年は、会は選挙とまったく無関係「われわれは一生涯地震ととりくんでゆくつもり」「会は純真な青年二〇〇人の集り」などと、マスコミの取材に答えたものだった。ところが、この会は選挙が終わると、忽然と姿を消した。その後、これを追跡取材した『週刊新潮』誌はこう伝えた。

「では、橋本クンは、どこへ行ったのか。彼は、住民登録を『渋谷区松濤町一ノ一ノ二』にしているが、ここは、クズ屋をやりながら、ファナチックに世直しを説くことで世を騒がせた『世界原理運動』の本拠のあるところだ。同本部の総務担当者は『橋本という男は、知りません』というが、『原理運動の布教に歩いている』という人もおり、この原理運動とは兄弟分に当る『国際勝共連合』の本部にも、しばしば顔を見せることもあるらしい。が、こちらは『連絡のしようがない』と、同本部。（筆者注・だが、同誌は熱海にいる本人の父親から彼が韓国で合同結婚をした古い信者であることを確認してこうつづける）橋本君もさることながら、原理運動の人々、平気でウソをつく集団のようである」（昭和四六年九月四日号）

統一協会が宗教団体でありながら、マスコミからつねに疑惑の対象として見られてきたのも、こうした〝謀略〟じみた行為が一因となっていることを否定できない。

東大生対象にセミナー

昭和四七年九月、兵庫県警防犯部と神戸水上署が、統一協会関連の幸世商事、統一産業関係者に〝小切手密輸〟容疑で任意出頭をもとめた。この事件はやがて逮捕、裁判へと発展し、五二年一月「無罪」の判決が確定するが、これについてはのちにくわしくふれることにする。

なお、この年二月、笹川良一氏は勝共連合名誉会長を辞任する。理由は「直接的実践面の反共と絶縁する」というものだった。これについて笹川氏は、これからは武道、スポーツ、社会事業振興の三項に目的をしぼり、持論である「世界は一家、人類は兄弟姉妹」の目的実現のため世界の青少年の育成に全力を投ずる発心をした、そのためには政治、思想、宗教、国境、民族を超越する立場をとらねばならないからであると発表している（雑誌『防人』昭和四七年六号）。

昭和四八年は、東大生を対象にした「国際指導者セミナー」がマスコミの話題を賑わせた。七月二〇日から八月三一日までの約四〇日間、旅費、滞在費無料、アメリカでセミナーをおこなうというこの企画の主催は国際文化財団、会長が久保木修己氏だった。「原理研究会がスポンサー」「思想講義つきご招待」と新聞・雑誌は報じ、学生たちが現地で〝造反〟を起こした模様を伝える雑誌もあった。

昭和四九年は四月に「早川、太刀川事件」、八月に「文世光事件」と日韓関係に不幸な事件があいついで起きるが、統一協会関係では五月七日帝国ホテルで「希望の日晩餐会」を開催、文教祖も出席して日本の政財官教育の各界から約一〇〇〇人の著名人を集める。この希望の日晩餐会は、マスコミには知らされなかったので、新聞にはほとんど報道されなかった（概要は後述）。

一方、アメリカでは、九月一八日にニューヨークのマジソン・スクエア・ガーデンで大集会を開催した。これは教祖文氏が一九七二年（昭和四七年）から全米各地を講演し、市街を塗りつぶすがごとくまかれたビラやポスター、それに信者たちの街頭伝道が二万余の観衆を動員したものと、韓国では報道された。さらに韓国でも翌年朝鮮ホテルで「希望の日晩餐会」を開いたが、これに先立つ前年末には「国内大学教授百人が統一協会を擁護する声明書を全国の新聞に発表し注目を集めた」と、韓国の雑誌（『新東亜』）は伝えている。このころ日本ではマスコミに表面化はしていなかったが、人参茶の輸入が急増、幸世商事のシェアが急速に伸びていた。

なお、この年の七月二〇日「救国連盟」がスタート、総裁に久保木修己氏が就任した。

フランスでも父母の会

昭和五〇年（一九七五年）、年あけ早々とともに信者の父母たちが騒然としはじめた。五年ぶりの合同結婚の情報が流れたのである。一月二一日、父母の有志が一堂に会して対策を協議した。新聞はこう伝えている。

「原理運動に子女を奪われ、その活動の狂気ぶりに泣かされてきた父母たちは、この結婚が家庭不在の、相手の国籍すらわからない異常なものと、激しいショックを受けており、二十一日、全国から急きょ上京、対策を協議した。

（略）日本の信者たちが五年ぶり二度目の集団結婚式を挙げることは、正月明け以来、これまでろくに寄りつかなかった信者が親元へ一斉に帰り、戸籍謄本をとったり金をせびったことからわかった。『遺産相続権を放棄するから』などと金を要求するのは五年まえと同じだが、今回は集団結婚式のことを素直に話さず、親に問い詰められて渋々打ち明け、帰省中も実家にまでひんぱんに〝指令〟の電話がかかってくる傾向が目立った。そして大半の家庭はけんか別れの状態で、信者は金をもらえないまま帰っていったという」（『東京新聞』昭和五〇年一月二二日付）

この時点では、まだ合同結婚がいつおこなわれる予定か、日本からの参加者が何組かなど、まったくわかっていなかった。二二日「原理運動被害者父母の会」は統一協会に抗議、協会側に雨の屋外に追い出されながら、ともかく粘って統一協会の婦人部長と近くのビルの一室で会談した。ところが二四日には逆に「統一協会賛成父母の会」が被害者父母の会の連絡事務所に押しかけて抗議。両者のあいだで「子供たちは喜んで結婚しようとしているのに、なぜ少数の親が水をさすのか」、「少数の運動ではない、前々日の婦人部長との話合いでは、協会側は親が反対している信者は集団結婚に参加させないといった、抗議は不当だ」という応酬が交わされた。

その後、被害者父母の会は統一協会へ抗議を重ね、二五日、協会側も要求にこたえて約二〇人の信者が親もとへ帰された。また、この日、協会とのいくつかの確認事項と要求を文書にして手渡し、協会側も幹部が署名して受けとった。

「親たちは最後に、この日の確認事項として①親の承諾が原則、承諾のないものは献身（筆者注・布教に専従活動）、結婚をさせない②本人が協会に戻った場合も親の承諾がなければ受け付けない③本人に対し協会は一切の積極的勧誘をしない④募金、献金の内容を会（被害者父母の会）あてに報告すること――の四項目、要求事項としては①反対者の子供は協会の名簿から除け②親の誠意を曲げるような教育をするな③他の反対者の父兄にも、協会の方針を適用すること――など、十一項目を文書にまとめて協会に突きつけ、大貫武義・壮年部長ら三人がこれに署名した」（『東京

新聞』昭和五〇年一月二六日付）

しかし、この確約事項はその後徐々に後退し、一月三〇日にはついに被害者父母の会との団交を統一協会が拒否、さきの確認事項①については父母の要請があれば本人をいったん家庭に帰す、その後は父母と本人が話合い、問題の解決を図るという方法をとる、②は拒否するむね文書で通告した。

二月八日、ソウルの奨忠体育館で日本人七九七組をふくむ一八〇〇組の合同結婚式がおこなわれた。この模様や、親たちの子の渡韓阻止の姿は、新聞・雑誌によって大きく報道され、新聞の投書欄も多くの意見を載せた。

世界二五カ国からカップルを集めたといわれるこの合同結婚式が終わった直後、WACLの主要メンバーである台湾が、統一協会の布教の禁止措置を打ちだす（後述）。また、フランスでも父母たち三〇〇人が「原理運動に反対する会」を結成、抗議集会をひらいたというニュースが報道され（二月一八日）、日本の原理運動被害者父母の会も東京山手教会で第一回全国大会を開いた（四月二七日）。

ところがその一方で、統一協会は東京九段の武道館で「希望の日フェスティバル」

を開催。文鮮明教祖が出席したこの集会は、異様な熱気につつまれた（後述）。こうして反対する側と推進する側の緊張が高まっていった。

アメリカでの報道

昭和五一年（一九七六年）、統一協会のパリ本部が爆破され、寝泊りしていた約三〇人の若い信者のうち、男女二人が重傷を負った（一月二二日付）というパリからのニュースにつづいて、ニューヨークからそれ以上にショッキングなニュースが送られてきた。統一協会が米議会でロビー活動をおこなっており、文氏の側近がＫＣＩＡ（韓国中央情報局）と関係しているという『ニューヨーク・タイムス』の報道である（五月二六日付）。

以後のアメリカからの集中豪雨的な統一協会をめぐる報道は、あとでまとめてのべるが、一二月にいたって米下院国際関係委員会小委員会（フレイザー委員会）の公聴会記録が発表されるにおよんでピークに達した。

この間、ニューヨークのブルックリン地区で、日本人統一協会員が路上で殺害されるという事件が発生（五月二七日夜）、ついで統一協会が購入したニューヨークの高層ビル・ニューヨーカーホテルの二二階から日本人統一協会員が転落して死ぬ（八月二三日）という不祥事が起きた。

「〔ニューヨーク二十三日＝相良特派員〕去る五月末、ニューヨークで『統一協会』（文鮮明牧師）の布教活動中、日本人青年が、強盗に襲われて死亡したが、今度は同教会の日本人青年が二十三日朝、教会が新たに購入した同市マンハッタンの高層ホテルから落ちて死亡した。この青年は、殺された青年と同じように、日本から布教活動のため派遣されていたらしいが、観光ビザのため行動状況の割り出しに時間がかかり、死亡した前後の状況もよくわかっていない。この青年は（略）オガタ・キヨミさん（二三）で、二十三日朝十時二十分ごろ、ニューヨーク市マンハッタンの『ニューヨーカー・ホテル』の二十二階から落ちて死亡した。ニューヨーク市警の調べによると、飛び降り自殺とみられるが、原因は不明。同建物は『原理運動』と『反共』を旗印に米国内で布教活動を進める統一協会が、さる五月、約五百万ドル（十五億円）で購入したもの。（略）また、死亡の原因についても、統一協会の秘密的な活動状況から、すんなりと『自殺』と受けとれないとする見方もあ

る」（『読売新聞』昭和五一年八月二五日付）

六月一日、ヤンキースタジアムで統一協会が大集会を開いたところ、反対派の妨害があり、『ニューヨーク・タイムス』紙なども批判的記事をのせた。こうして「原理運動、米世論拒絶へ動く、破られた文鮮明師のポスター、ナチを思い出すと女子学生」（『読売新聞』六月一四日付）という現地特派員発の国内報道もおこなわれた。

衝撃的だったのは、フレイザー委員会（米下院国際関係委員会小委員会）の公聴会の〝証言〟が、つぎつぎと伝えられたことだった。六月、右翼の巨頭・児玉誉士夫氏が山中湖畔で文鮮明教祖と一九六七年六月に会談したというロバート・W・ローランド氏の証言がおこなわれ、「児玉、統一協会に関連」と各紙一斉に報じた（六月二三日＝筆者注・実際は本栖湖畔、児玉代理の出席）。

さらに九月二七日の公聴会で、統一協会の傘下・自由指導財団のメンバーだったという米青年が、上司の命令で二年前ワシントンの日本大使館にタマゴを投げつける計画があったと証言した、という現地からの報道があったことだ。理由は、「文世光による朴大統領夫人殺害事件に伴って日韓関係が緊張していたとき、米国内の対日感情を悪化させる一方、韓国支持ムードを強化するため、同年九月二一日の田中首相のワシントン入りを前に、日本大使館を襲って卵を投げつける計画が立てられた」(『東京新聞』九月二三日付)ものであったという。また、九月にはアメリカ移民局が、「外国人信者七〇〇人に対し、国外追放の手続きに必要な措置を直ちにとるよう関係機関に指示した」という報道がおこなわれ、米政府の強硬な姿勢をうかがわせた。一方、日本国内では一月早々、日本弁護士連合会の人権擁護委員会が、全会一致で「原理運動に関する事件委員会」の設置を可決、調査に乗り出すことになった(一月一六日)。これは被害者父母の会の申立てによるもので、新聞は「原理運動の実態にメス」と報じた。

一二月になると、フレイザー委員会の公聴会記録が発表され、証言の全容が伝えられたが、それとは別に『日刊ゲンダイ』が六日間にわたって(一二月一六日〜二一日付)、ニューヨーク編集部の「決死的取材、文鮮明の正体を暴く」という、統一協会の在米活動についての大胆な報道をおこなった(一部後述)。

なお、一二月におこなわれた衆院選挙では、公示直前、勝共連合が機関紙『思想新聞』号外で宇都宮徳馬氏を中傷、選挙後、宇都宮氏(無所属で当選)の関係者が、同紙編集長を告発したことが新聞に報道された（一二月二八日）。また、のちに国会で追及がおこなわれた。

国会でも問題化

昭和五二年一月、『朝日新聞』が原理研に焦点をあてて、「大学生『右向け右』続々、独自の学内新聞、賛同教授も七百人握る」（一月三一日付）と実態をつたえた。つづいて翌月「統一協会の素顔一二〇カ国に二〇〇万人の勢力　反共が理念」という見出しで、統一協会の公表や、理念、姿勢を報道した（二月二三日付）。

この間、統一協会傘下の人参茶メーカーである韓国の一和製薬が、五九億ウォン（約三六億円）の脱税容疑で治安本部特別捜査班から摘発され、同社専務・洪性杓氏ら五人が逮捕されたほか、来日中といわれた金元弼社長も不在のまま起訴された。統一協会と呼吸の合っていた朴政権がどのような意図でこの摘発をおこなったのかと、さまざまに推測された。

「（略）昨年後半以降、韓国内で同教会に対する批判が〝解禁〟となり、やはり統一協会財団活動の一つである児童合唱団『リトル・エンゼルス』の海外公演が禁止された事実に引き続き、今回の一和製薬摘発が起こったことは、米紙などで伝えられた朴政権―統一協会―朴東宣―の〝黒い輪〟の疑惑に対し、朴政権側が出した非公式の〝絶縁声明〟と受け取る向きが多い。

（略）今回の脱税摘発はこうした一連の措置のなかでとられた決定的な手段と見られているが、消息通の間ではなお背景について首をかしげる向きが多い。というのは統一協会さん下の企業はこの一和製薬のほかにも豊山金属、統一産業、東和チタンなど特殊金属関係が多く、武器産業と密接な関係を持ち、特にいま韓国が推進している八〇年末までの自主国防計画の遂行に不可欠のはずだからだ」（『読売新聞』昭和五二年二月六日付）

ちょうどこのころ、「原理被害者更生会」の顧問が若い男女に鉄パイプで襲われ（五日）新聞はこれを報道した（六日）。ちなみに、統一協会関連の『世界日報』は、「『原理反対』に便乗の更生会　脱会誓うまで暴行人権無視、警視庁捜査へ」（二月一八日付）と報じた。

二月七日、社会党石橋政嗣書記長が衆院予算委員会で、原理運動被害者父母の会が福田首相に提出した請願書をもとに統一協会問題を追及。①統一協会の性急な布教活動には人権上問題が多く、日弁連も調査中であると、父母の会が日弁連に提出した調査統計を提示、②諸外国でも布教活動の禁止や国外退去措置をとっている、日本でもかつて衆院法務委員会である宗教団体の活動について決議をしたことがあるなどの事例をあげて、福田首相に迫ったことが報道された。

二月一二日、統一協会がニューヨークの目抜き通り五番街にある旧ティファニー・ビルを購入したことが報道された。七階建てのティファニー・ビルといえば、かつて映画『ティファニーで朝食を』で知られるビクトリア王朝ふうの豪華ビルだ。「ニューヨーク発共同」の記事によると、統一協会はこれを「総額二百四十万ドル（約七億二千万円）で購入、ことし春から下部機関の『ニュース・ワールド』新聞の社屋に使う予定といい、ニューヨークっ子の話題になっている。統一協会は、昨年五月にもニューヨーク市内のニューヨーカー・ホテル（部屋数二千室）を五百万ドルで、また同九月にはマンハッタン・センターを二百万ドルで買収している」（『朝日新聞』二月一二日付）という。なお、『東京新聞』によると、統一協会は「七二年に文鮮明氏の私邸にするためニューヨーク市郊外のウェストチェスターで部屋数二十五の豪邸を六十二万五千ドル（約一億八千七百五十万円）で購入したのを皮切りに、同市周辺で統一大学建設用の土地、あるいは協会施設用の建物などを次から次へと買収するすさまじさ」（二月一四日付）である。

二月一四日統一協会と勝共連合は、さきの国会での社会党石橋書記長発言に対して、撤回と謝罪を求める抗議文を郵送したと発表した（『読売新聞』二月一五日付）。

また、一二日、統一協会は「一連の報道に関する見解」と題する、一連の疑惑にかんしての公式見解を、記者会見に応じて初めて明らかにした。この見解は⑴統一協会はKCIAと連絡して、米国議会買収を行なっている、⑵統一協会員朴普熙氏は、KCIA要員である、⑶朴普熙氏は、一九六九年大統領官邸で、朴東宣と同席し、米国議会工作の謀議に加わった、⑷朴普熙氏は朴東宣と共に、米国国会議員に対する贈賄作戦に加担している、⑸韓国文化自由財団のラジオ・オブ・フリーアジアはアメリカ政府役人の贈賄の為、韓国KCIAの資金調達機関の最前線として組織されている、⑹韓国で、統一協会関連会社が脱税容疑で摘発――以上の諸点にかんする疑惑について、全面的に無関係、事実無根と否定したものであった。

また、ティファニー・ビルの買収などについては、二〇年割賦を利用したり、免税の恩典もあるなどを挙げ、資金も米国内の献金だけで処理しており、日本や韓国などから流れたことはない、花売りや無届募金も全面的に禁止していると回答したことが報じられた。

ただし「韓国内でのKCIA組織との関係については『かつて迫害、弾圧されたため、理解をえるよう働きかけた事実はあると述べた』（『朝日新聞』一月一五日付）が、これは八日後の二二日、再び記者会見をおこなって、前回の発言は誤りとし『KCIA当局から弾圧された事実はなく、反共活動をする上で当局の許可と理解が必要だった（のが接触のきっかけ）』と訂正した」（『朝日新聞』一月二三日付）ものだった。

三月、原理運動被害者父母の会は同六日、東京代々木のオリンピック記念青少年綜合センターで、第二回全国大会を開いた。昭和五〇年二月、ソウルで合同結婚がおこなわれたときいらいで、二年ぶりであった。この大会では、統一協会の活動は外国為替管理法、政治資金規正法、税法、街頭募金に関する諸条例などに違反している疑いが強いとして、「日本に於ける不法活動を調査し・摘発し・処分し・禁止を求める請願書」を採択、国会に提出することを決定した。また、統一協会がKCIAの米議会買収工作に加担した疑いがもたれることから、「統一協会の不法活動は日韓癒着の一環」として、幅広い活動を展開することをすすめてゆくことをきめたと報道された。

一方、国会ではさきの社会党石橋書記長の統一協会追及のあとをうけて、衆院法務委員会を舞台に、社会党議員を中心にした追及質問が開始された。

四月一二日、「子供に会わせてほしい」と統一協会本部を訪れた被害者父母の会の会員に乱暴した同協会総務部保安係が、渋谷署に逮捕された。事件があったのは、一と月以上もまえの三月七日に父母の会会員の会社役員（五五歳）など三人に対し、さらに八日には同じく父母の会会員で小学校教諭（四九歳）に対して暴行。二人が左腕に一週間の打撲傷、一人が右手に一週間のケガをしたもの。

「この事件は、被害を受けた四人の父母が、事情聴取に当たった渋谷署員から逆に『協会はあんた方を住居侵入などで訴えるといっている。裁判になってもいいのか』と脅迫めいた暴言を吐かれた――として、さる六日の衆院法務委員会で取り上げられ、社会党の横山利秋氏が『警察は協会とゆ着している』と追及。警察庁の吉田保安部長は『刑事事件として捜査する』と答弁していた」（『東京新聞』四月一二

日付）

四月二四日、米移民局がビザ期限の切れた統一協会の日本人会員一七八人に対する国外追放の法的手続きを開始した。この一七八人は三年まえ、移民局へ見習伝道師の資格を求める請願書を提出した統一協会員五八二人の一部で、四〇四人はすでに米国を離れ、残った者がワシントンの連邦地裁に控訴していたもの。移民当局では法廷の結着がつくまで、滞在は一応認める方針であると外電や外紙が伝え、日本でもそれが報道され、国会でも問題になった。

五月四日、神奈川県警環境課と横浜の寿署は、「ガンにきく」などの商法で人参液を売っていた横浜市の業者を薬事法違反容疑で摘発した。この業者は若い女性（二五歳）が社長で、社長も販売員も統一協会員だった。彼らは、横浜市神奈川区の「天誠教会」に出入りしていたことから、この売上金が原理運動資金として流れていた疑いもあるとみて、同教会を家宅捜索、人参液十数本と伝票などを押収した。

「朝鮮ニンジンの販売業者が摘発されたことは、わが国でも何度かあるが、統一協会との関連が追及され、その支部が家宅捜索されたのははじめて。（略）販売員は『ヘルスコンサルタント』の名刺を持ち、手相を見たり、『ツメの色が悪い』などと巧みに売り込んでいた。また、若い女性が多いことから、夜間、独身男性のアパートをねらって売り歩くケースも多く、被害者の中には一人で十二個（六十六万円）も買わされた会社員（川崎市中原区）もいた」（『読売新聞』昭和五二年五月四日付）

大学構内にはだれでも自由に出入りできる日本では、考えられないような報道がアメリカから伝わってきた。文鮮明氏が逮捕されたというのだ。

「〔バリータウン（米ニューヨーク州）五日＝ＡＰ〕ニューヨーク州警察当局五日の発表によると、世界基督教統一協会の文鮮明師は同日、同州南東部にあるバード大学構内で不法侵入現行犯として逮捕された。しかし、身柄は拘束されず、六日夜裁判所に出頭するよう命ぜられた。

同師は信者十人とバード大学の敷地内にいるところを同大学警備員にみとがめられ、州警察に引き渡された。不法侵入罪が確定すれば、罰金あるいは十五日以上の

拘留の刑を科せられる」(『朝日新聞』五月七日付)

六月五日、『ニューヨーク・タイムス』は、アメリカに亡命中の元ＫＣＩＡ部長・金炯旭氏とインタビューに成功。朴東宣氏はＫＣＩＡのメンバー、統一協会は朴普煕氏を接点にしてＫＣＩＡが動かしていたという情報を伝え、日本でもその要約が報道された。

3 疑惑の系譜

事態は流動している。私がこの稿を起こしているのは昭和五二年六月初旬である。統一協会にたいする、もろもろの疑惑がどう展開してゆくか、予断はゆるさない。しかし、真実はひとつである。それは〝時間〟がいずれ解き明かすであろう、と待つよりほかない。結果として、統一協会とKCIAとの関連のごときは、まさに統一協会のいうように「無関係」であるかもしれないし、全くその逆であるかもしれない。いま、それを占うことはできない。

けれども、一ついえることはある。ふり返って見て、統一協会は日本のマスコミに登場したとき、すでに社会問題化していたということである。そして、閉鎖的で容易にその実体をみせようとしないがゆえに、かえって疑惑の度を強めてきたことだ。

昭和四二年にマスコミに表面化して、五二年にいたる一〇年間の〝マスコミが捉えた統一協会の歴史〟を、いま仮りに一九七〇年（昭和四五年）のＷＡＣＬ大会までを第一期、一九七五年（昭和五〇年）の希望の日フェスティバルまでを第二期とすれば、対米議会工作の疑惑につつまれて、国際的に注目される一九七六年（昭和五一年）以降を第三期と大別することができるであろう。

第一期の発端は、最初の『朝日新聞』の見出しが、いみじくも名づけたように〝親泣かせ運動〟として捉えられた。運動はなんとも〝奇異〟の観として映ったのである。

当時、原理運動の指導者のひとりである野村健二東洋大学講師（心理学＝統一思想研究院院長）は、「大のおとなが平均年齢二十歳そこそこの原研に家庭を乱されたなどと訴えて歩くなんて、それこそ漫画ではないか」と、新聞投書のなかでのべた。この指摘は一面の真実をついている。未成年の子ならばともかく成年に達した子の人格と行動は、社会が許容する範囲において尊重されなければならないからだ。

しかし、原理運動のそれは一般論としてカッコ内に括りこむことができないところに、社会問題化する要因がふくまれているのである。早い話が、直接行動を誇示する極右のラジカルな極左運動、あるいは修練会をひらいてしばしば武闘訓練をおこなう極右の運動にしても、子が参加したからといって、親が組織だって騒ぎ立て、「子を返せ」

などと叫んだ例を寡聞にして私は知らない。原理運動に対する唯一の反対運動の組織は被害者父母の会だが、この会の親の行動を、子をおもう親の〝エゴ〟から発したものとみることはできても、よくいわれる〝過保護〟が親を走らせているとみるのは当を得ていない。

宗教法人として公認された教団の教祖は公人である。原理運動では、そもそもその教祖の素姓や経歴があいまいだった。生身の教祖に神秘性を必要としたとしても、第三者がその代替として胡散臭さを感じるのは当然である。教理がいかに激烈であり、信じざるものにいかに荒唐無稽に映ろうと、それはあまり関係ない。むしろ、なにかを隠そうとするそのことから、教理をふくめた原理運動それ自体への親の反発を増幅させたといえる。しかも学業放棄、精神錯乱者などがでるにいたっては、マスコミが異常視しないほうがおかしいのである。

原理運動の第二期は、反共大集会であるＷＡＣＬを跳躍台にした、政治的基盤形成期とみることができる。率直にいって「勝共」という日本人にはなじみのない用語は、中国製、つまり国府の造語であると私は思っていた。それはかつて台湾を訪れたとき目にした文字であり、ながい中国紅軍との抗戦の過程で生まれたものと思いこんでいた。ところが、これは「われわれは、私と同志の信条となった考え方を『勝共統一』という言葉で集約し、革命政府のスローガンとして掲げた」（朴正熙『民族の底力』）という、朴政権のスローガンと軌を一にすることを知った。「勝共」は韓国の国策であり、勝共運動は韓国からのいわば直送運動である。

七〇年（昭和四五年）、ＷＡＣＬ総会を日本で開くについては、共産党を公党として認めている日本で、はたして成功するかどうか危ぶむ声が参加国にあったときいている。この声は日本の政府与党である自民党の肩入れによって、杞憂におわった。しかし、にもかかわらず、日本で勝共運動がその後意外に伸びていないのは、共産党を合法政党として認知している〝開かれた国〟の国情によるものではないかと思う。ことに〝勝共〟という言葉は、たんなる防衛的な反共でない、能動的、積極的な、いわば〝勝共北進統一〟の響きをもつ。日本人にとっては、戦争中のあの〝撃ちてしやまん〟のイメージと重なって、戦後の反省感が潜在的な拒絶反応をひきおこさせるものをもっている。それはまた、朝鮮戦争で全土を戦火につつまれたことのある韓国と、決定的にちがう事情である。

統一協会、勝共連合に右翼の笹川良一氏が、かなり尽力していたことは、〝マスコミが捉えた統一協会の歴史〟のうえでも明らかである。ところが、笹川氏の尽力にもかかわらず、右翼陣営との共闘が成立していないのは笹川氏の右翼における位置もあろうが、WACL総会のときの赤尾敏氏の発言に象徴されるのではないかと思う。その点、たんに韓国と密接な関係にあるからとか、反共部隊だからとか、あるいはデモの幻影におびえて、勝共連合を利用しようとする政府自民党の姿は、きわめて安易な姿勢といえる。

マスコミが問題視したのは、そうした統一協会、勝共連合の政治的側面もさることながら、その資金集めの方法である。まず疑惑視したのが街頭募金や物品販売の在り方と、その収支の不透明さである。その意味で、第一期に発した問題点が〝人権問題〟とするなら、第二期には〝反社会性〟への疑惑が加わったということができよう。この疑惑は、原理・非原理・サタンといった、第三者には日常的思考を越えた論理や、合同結婚というこれまた常識では測りきれない意外性によって強調されることになるのである。

なお、第二期には〝政治的跳躍〟とともに、たとえば七一年（昭和四六年）から「日韓教授親善セミナー」を開催、七三年（昭和四八年）にはさらにこれを「世界平和教授アカデミー」に発展させた。また、七三年（昭和四八年）からは東大生を主対象とした「国際指導者セミナー」を開くなど、教育・学術界への積極的な働きかけがおこなわれたのが注目される。これらは、教勢拡大のための政治と文化の二面工作の展開とみられるが、同時に七〇年代に入って、より活発化しはじめた日韓間の政治的交流、たとえば全国各地に設立された日韓親善協会の創立の潮流などと軌を一にするものではないかと考えられる。

第三期は、いうまでもなくアメリカの議会から発した〝謀略性〟への疑惑である。それが日韓間でなく、アメリカという海のむこうの超大国を舞台に、日本人も何らかの役割りをはたしていると疑われるだけに、日本国民にとっては強い衝撃をともなったものであった。

以上、ごく大雑把ではあるが、マスコミが捉えた〝社会問題化〟の過程を、私なりに総括してみた。つぎは、いくつかの問題を、問題ごとにルポや資料を加えながら検討してみる。

II

1　教祖・文鮮明の奇怪な「過去」

台湾政府の布教禁止措置

台湾政府が統一協会の取締りにのりだしたのは一九七五年（昭和五〇年）二月一八日のことである。日本の内閣にあたる行政院が、内政部（日本の旧内務省に相当する）に対して、世界基督教統一神霊協会の「非法伝教的行為」の「迅速査明取締」を指示したのである。統一協会が台湾で伝道を開始してからわずか数年後のことであった。台湾の蔣政権はいうまでもなく、韓国の朴政権とならぶ最も強烈な反共政権である。一方、原理運動の世界統一神霊協会のほうもまた勝共連合、勝共運動で知られるファナティックな反共宗教団体である。これまでこの両者の関係は、七〇年（昭和四五年）京都で開かれた勝共連合の事実上の主催による「ＷＡＣＬ」（ワールド・アンチ・コミニスト・リーグ＝世界反共連盟）大会の名誉議長に、台湾国民党の実力者である谷正綱氏が就任していた事実ひとつとっても、いかに密接であったかわかる。また、昭和四六年五月、東京で「第二回アジア勝共大会」が国際勝共連合の主催で開かれたときには、日本の自民党タカ派の各氏や在日韓国大使館とならんで、台湾側からは当時の在日大使館をはじめ、留日華僑連合総会、日華親善協会など、台湾の主だった公式機関や民間団体まで、後援会に名をつらねるほどだった。それがどうして「迅速査明取締」という決定的措置をとるにいたったのか。台湾の有力紙『聯合報』によると、およそ次のような事情によるものであった。

――まず行政院が内政部におこなった指示の内容をみると、原理運動は「善良の風俗と社会の安寧を乱し、国民の心身を害しているばかりか、わが国固有の倫理道徳に違反し、純粋な宗教活動とはいえない」、よって内政部は関係機関とともに調査を急ぎ、取締りをおこなうべし、というものだった。

これによって地方警察はすでに調査を終了し、取締りに入ったが、行政院はこの内政部への指示に先だって、二月一五日、教育部（文部省）に「各大学、専門学校の学生、生徒の原理運動への参加厳禁」を通達。もしも、これに従わない場合には「学則によって措置すべし」と、きびしい態度を打ち出した。したがって、行政院の原理運動への取締り措置は、まず学生段階をへて、つぎに市民段階へと矢つぎばやに講じられたものである。それを裏づけるかのように、関係機関はこの問題について慎重に対処しており、連日会議を開いて適切な方法を検討し、「その結果、民法第三十六条の規定および関係法規の引用を考慮するという、さし当っての結論に達した」と報じている。（同紙七〇年二月一八日付）

台湾の民法第三十六条とは「法人の目的もしくはその行為が法律に違反し、あるいは公共の秩序、善良の風俗を乱す場合には、裁判所は、主管官庁、検察官、あるいは利害関係の請求によって解散を宣告することができる」というものである。ちなみに『聯合報』によると、台湾では前年暮れから一〇人ほどの大学生が突然休学、家出をして、布教に熱中する動きがでて、がぜん原理運動に対する世間の広範な注目が集中するようになった。そして、原理運動はほぼ六年まえ、日本から台湾へ伝わっていた。責任者は韓国系日本人の福田正子、韓国名は鄭仁淑、台湾では陳仁淑と名乗っていたという。

この陳（福田正子）は中国語がわからないため、日本語のわかる何人かの信者を通じて布教していたが、原理運動台湾本部にはもう一人、台湾大学助教授の張という重要人物がいて、この二人が布教の主要な役割をはたしていた。ところが、台湾でも人参茶売りや断食をともなった修練会をやっていて、ある学生の父兄は「原理運動では早朝冷水を浴び、七日間以上食事を禁じ、四十日間修練に従事させ、さらに毎日八時間、街頭で人参茶売りをさせて彼らの健康と体力をさいなんでいる」と非難、さらに協会では家出した子弟と父母との面会を拒絶し、信者は街頭や電車のなかで「口沫四濺、大声伝教」して公衆に迷惑をかけるかと思えば、民法秩序によらざる結婚（文鮮明氏による成約結婚）や「男女雑居」をしているといい、福田女史にいたっては「韓国の人参一本食べれば二、三十年は病気にならない」と途方もないことを訓話のなかで述べている、と世論の激しい弾劾ぶりを伝えた。

サタンと闘い、神と霊交する

ここにみる台湾の〝原理運動騒ぎ〟は、日本のそれがまさにそのままオーバーラップしたようなものだが、ただ一点ちがうのは、日本では岸信介元首相、当時の福田赳夫副総理など政府与党のお歴々が原理運動＝勝共連合に肩入れしていたのに対して、台湾では政府が断固たる処置をとりはじめたことである。

それにしても、台湾での原理運動の布教歴はまだやっと緒についたばかりで、家出大学生の数も一〇人そこそこ、おびただしい数にのぼる〝家出〟を誘発している日本のそれにくらべると、原理運動による社会的混乱はまだほんの初期症状を呈しているにすぎなかった。にもかかわらずなぜ台湾政府が勝共運動という政治的メリットを度外視してまで、原理運動の芽をつみとり、その影響を最小限にくいとめようとしたのか――この背景については、台湾の新聞からはうかがい知ることはできないが、いずれにしても台湾政府が、勝共運動による政治的メリットよりも、原理運動のもつ反社会的性格を重大視して、厳重な取締りの決断を下したのであろうとは、容易に推察できるのである。

それでは、台湾で布教禁止措置にまで発展した原理運動とは、いかなるものかということになるが、この概要については、すでに前述のとおりである。

しかし、その運動の核心となると、外部の者にはなかなかわかりにくいうえ、いまだに不明の部分がすくなくない。それを知るためには、どうしても、いまなお日本ではナゾにつつまれている教祖・文鮮明氏の過去の経歴にまでさかのぼらざるをえない。

なぜなら、原理運動は即、教祖・文鮮明氏の教義であって、文鮮明氏の経歴をぬきにしては成立しえなかったものだからである。統一協会の聖典である『原理講論』には、文鮮明氏のことをこう記述している。

「――聖書に『あなたは、もう一度、多くの民族、国民、国語、王たちについて、預言せねばならない』(黙示録一〇・11)と記されているように、この真理は、あくまで神の啓示をもって、われわれの前に現われなければならないのである。しかるに神は、既にこの地上に、このような人生と宇宙の根本問題を解決されるために、一人の御方を遣わし給うたのである。その御方こそ、即ち、文鮮明先生である」(傍点筆者)

これだけの抜すいでは、えらく手前勝手なことをいっているようで、バカバカしくなってしまうだろうが、要するに文鮮明氏はイエス・キリストがこの地上においてしのこしたことをするため、神がこの地上につかわした〝御方〟であるというわけである。

では、その人生と宇宙の根本問題を解決するために神から派遣された文鮮明氏は、これまでどんなことをしてきたか。『原理講論』はつぎのようにつづける。

「先生は、幾十星霜を、有史以来誰一人として想像にも及ばなかった蒼茫たる無形世界をさ迷い歩きつつ、神のみが記憶し給う血と汗と涙にまみれた苦難の道を歩まれた。

人間として歩まなければならない最大の試練の道をすべて歩まなければ、人類を救いうる最終的な真理を探し出すことはできないという原理を知っておられたので、先生は単身、霊界と肉界の両界にわたる億万のサタンと闘い、勝利されたのである。そうして、イエスをはじめ、楽園の多くの聖賢たちと自由に接触し、密かに神と霊交なさることによって、天倫の秘密を明らかにされたのである」（傍点筆者）

億万のサタンと闘い、イエスと自由に接触して、神と霊交する――信じようと信じまいと、これが『原理講論』の序論ともいうべき「総序」に描かれた文鮮明像である。おそれおおくて、かりそめにも〝文さん〟などと口にしようものなら、バチがあたりそうな讃仰である。

しかし、神と霊交する文氏でも、カスミを食って生きているわけではあるまいから、生活人、社会人としての現実の姿があるはずである。では、文氏はどのような生き方をしてきたか――凡人にとってはきわめて興味ある、いや、信者にとってもきわめて参考になるであろう点があるのだが、そこになると『原理講論』には一行も書かれていない。処女懐胎のイエスが馬小屋で生まれた、という聖書ほどの記述もないのである。

実はそれどころか、この『原理講論』が日本で発行されたのは昭和四二年一〇月だが、それ以前の、とくに原理運動が日本で布教されはじめた初期のころには、教祖が文鮮明氏であることさえ対外的には公けにしようともしなかった。これについてはすでにおおくの著作などで詳述されているので、ここでは重複をさけて、一つのエピソードを紹介するにとどめよう。

曖昧な再臨大予言

——日本イエス・キリスト教団荻窪栄光教会の牧師・森山諭氏は、昭和三五年の一〇月、都立体育館で開かれたクリスチャンの集会へ出席した。帰途、体育館まえの夜の広場で、青年同士が激しくいい争っているのを目撃した。きくと、なにやら宗教論争らしいのだが、なんともお粗末な議論なのである。そこで牧師としての責任を感じた森山氏は、「そんなつまらないことで議論をするのはおやめなさい」と仲裁に入った。すると血相を変えた二人が、「つまらんとは何ごとだ」とつめよってきた。あまりに異様なので、彼らの話をよくきいてみると、これがなんと、二人とも統一協会の会員で、人を集めて説教するための〝八百長論争〟だった。森山氏は神に仕えるものが「サクラの真似事までするのか」と不愉快になったが、そのときは「話があるならいつでも教会の方へ来なさい」といって別れた。

その後、彼らは森山氏の教会へはついに姿をあらわさなかったが、三年後の昭和三八年、森山氏が知っている関西のある牧師が統一協会に説き落とされて入会した。当時、街頭では原理運動の若者たちが再臨したキリストが「東京で待機していて世界的ニュースとして公表され、メシアの使命をはたすために世界の諸王の王として公生涯につく」と、さかんに宣伝していたという。

無視できなくなった森山氏は、そのころ東京・世田谷区の東北沢にあった統一協会本部に、知人のF牧師と乗り込んで、ことの真相をただしてみた。すると、「再臨は奥義だから教えられない」といい、神学的な突っこんだ質問をすると、「すべては三要素、三カ国から成っている」という意味のことをいう。

「その三カ国とは？」

「日本、アメリカ、韓国です」

「すると再臨主は日本人？」

「いや、ちがいます」

「では、アメリカ人？」

「いいえ、東洋人です」

三カ国のうちの一つが韓国で、再臨主が東洋人なら、当然、再臨主は韓国人であるはずなのに、彼らはこういうぼかし方をしながら、ついに文鮮明という名を口にしなかった。そればかりか、街頭の原理運動の若者たちが、「再臨はこの八月一七日」と日時まで予言しているのに、この点についても、「それは旧暦から換算したもので」とか、ついには「まあ今年中にはそうなるだろうということで……」と、曖昧に言葉をにごした。そのとき統一協会側の代表として森山氏に応対したのは、当時統一協会の大幹部で、昭和三三年文鮮明氏の意向をうけて日本に密入国、日本ではじめて布教をおこない、〝日本統一協会の父〟と仰がれていたという崔翔翼氏（日本名・西川勝）であったという。

ノストラダムスも仰天するであろうこの再臨公表の大予言は、いまにしてみれば、文氏の日本出現を劇的に演出するための布教作戦だったとみられるが、機熟さずとみたのか、東京に待機していたはずの再臨主は、ついに姿をあらわさなかった。結果として、大予言は宙に浮き、再臨主はいずこともなく姿をかき消したことになったのである。

文鮮明氏の名が一般的に知られるようになったのは、前述のように昭和四二年七月七日付の『朝日新聞』によるスッパ抜きからである。その後、文氏は早稲田大学電気工学科卒で、一六歳のとき神の啓示をうけたといっているとか、韓国で問題になった「血分け」と称する混淫事件で逮捕されたことがあるとか、徐々にではあるが、その経歴に関する情報が明るみにでてきた。しかし、そうした情報もきわめて断片的であって、依然としてナゾにつつまれた部分が多かった。

ところが、初期にはこうした断片的な概略情報さえも協会内部では若い信者たちにほとんど教えられていなかったようである。以前に脱退した末端信者によると「お父さま（文氏のこと）は早稲田大学の出身ですね」というていどの知識しか与えられなかったという。彼らには文氏の〝霊的経歴〟は公開されても、〝人間的経歴〟は久しく厚い神秘のベールにつつまれたままだったのである。

ナゾが多すぎる人間経歴

では、問題の教祖・文鮮明とはどのような社会的・人間的経歴の持主なのか。いま私の手もとには、韓国で発行された『韓国宗教総鑑』(成和社刊・一九七三年版)、『韓国の新興宗教』(卓明煥著・新興宗教問題研究所刊・七四年六月二〇日六版)、『原理運動の秘事』(韓国書籍センター刊・日本語翻訳版・六八年)、総合雑誌『新東亜』(七五年三月号)所載の「統一教の正体」(筆者は朝鮮日報社会部記者・李柱赫)、『週刊朝鮮』七五年一月二六日号の統一教特集記事など、韓国の学者、宗教家、ジャーナリストの手による文鮮明氏と統一協会に関するいくつかの資料がある。さらにこれに文鮮明氏のかつての旧師や、韓国人関係者からの直接、間接的な証言などを総合すると、文鮮明氏のつぎのような〝素顔〟が浮かびあがってくる。

生地は平安北道定州郡徳彦面上思里二二二一番地、生年月日は一九二〇年(大正九年)旧暦一月六日、キリスト教徒の農民の子として生まれた。幼時、伝統的な儒教のふん囲気のなかで漢文を学んだのち、青雲の志を抱いてソウルに上京。ソウルの永登浦黒石洞に下宿して、高等普通学校に通った。この間、狂信的といえるほど強烈な信仰生活を渇望していた文氏は、学校生活よりも教会生活のほうが熱心であったといい、一六歳になった一九三六年四月一七日、ついに「天の摂理の歴史遂行に全的に献身せよ」という神の啓示を受け、徹底した使命感に燃えた。その後、高等普通学校を卒業した文氏は東京に行き、早稲田大学の電気工学科を卒業、日本で〝八・一五解放〟（終戦）を迎えたという。

以上が戦前における文氏の略歴だが、これは韓国の「統一協会側の言葉によると」というただし書きつきであって、ことに早稲田大学電気工学科卒については、「未確認」とか「日本の毎日新聞の調査によると、文氏の氏名は卒業生名簿にはない」という注釈がつけられている。

たしかに文氏の早稲田大学卒については、私も早大の学籍課で調べてもらったが、理工学部はもちろん、どの学部の卒業生名簿にも存在しなかった。また、文氏のキリスト教との関係も、父母がキリスト教徒だったという説と、彼が生まれたのち、一家がキリスト教に帰依したという説の二説があるが、いずれにしてもキリスト教長老派だったようである。また、一六歳のおり「天の啓示をきいた」という点は『韓国宗教総鑑』にも記載されているので、公式発表と理解していいものだが、これについても、かなり疑わしい点があるとするむきがある。

たとえば、昭和一六年、ソウルに京城商工実務学校（乙種三年）という旧制中等実業学校があった。校長は日本人で、土居山洋氏といった。韓国側でいう文氏の学んだ高等普通学校とは、この京城商工実務学校のはずで、当時、この京城商工に在学していた文氏が、在校生たちといっしょに写った写真を、日本の某大学教授がいまも保存しておられる。しかも、文氏はそのときすでに二〇歳で、前出の森山氏が当時の学校関係者や文氏の友人たちから得た証言によると、そのころの文氏はクリスチャンでもなんでもなかったという。とすると、クリスチャンでもなかった文氏が、どうして一六歳のときに「神の啓示」をきくことができたかという疑問が生じる。また、文鮮明という姓名も実名は「文龍明」。すくなくとも昭和一六年の京城商工実務学校生徒のころは「江本龍明」と称していたという。

そこで私は早稲田大学で文龍明もしくは江本龍明という卒業生がいるかどうかを調べてもらったが、これもなかった。のちになって、文氏の早大時代の日本名が「山本朋成」であると、ある印刷物で知り、早大の卒業者名簿を閲覧したら、たしかに早稲田大学専門部工科（旧制専門学校にあたる）電気科の卒業生のなかにその名があった。しかし、江本龍明がまさしく文龍明であるなら、それがどうして山本朋成と変りえたのか……。（＊「解説」二六八頁参照。編集部）

戦前といえば、もはや三〇年以上もまえのことになる。往時茫々といいたいところだが、それにしても大ぜいの信者にかしずかれ、いまや〝公人〟である教祖・文鮮明氏の過去には、あまりにもナゾが多すぎるのだ。しかも文氏の奇怪な経歴は、戦後にいたって、いよいよ増幅されてくるのである。

韓国統一協会によると、解放（終戦）の翌年、文氏は「摂理の手引き」によって、単身朝鮮半島を北上し、平壌、興南などの刑務所と労働者収容所などを転々としたが、一九五一年の朝鮮動乱のさい南下したという。

ところで、日本統一協会が一九七四年に出した教祖・文鮮明氏のアメリカにおける講演集（原著『危機に瀕するキリスト教と新しい希望』の翻訳版）に付された「文鮮明師の略伝」では、当時のことをこう記している。

「……その頃、彼はすでに、平壌においてキリスト教の指導者として注目され、かなりの信徒たちが周囲に集まっていたので、すぐさま共産当局の注意をひくようになった。ある夜のこと、何の予告もなしに彼はダェドン警察署に連行され、拷問を受け、苛酷に鞭打たれて、ついに瀕死の状態で獄舎の庭にほうり出された。そこで彼は自分の信徒に発見され、息を吹きかえされ、再び伝道を開始されたのである。しかしまもなくして、彼は再び捉えられ、さらに北部の興南の強制労働収容所に送りこまれた」

これによると、文氏はキリスト教の指導者であるがゆえに共産当局から不当に弾圧され、獄に投ぜられたというわけである。

ところが、不屈の教祖・文氏は強制収容所でも受難のキリストのような姿で耐えぬくのである。「文鮮明師の略伝」はこうつづけるのだ。

「囚人達は、故意に過重な労働を強いられ、栄養不良に苦しめられていた。長時間の間、時には手袋もないまま、石炭採掘をさせられたり、船積みの重い袋を背負わされたりするのである。その収容所では普通、どんな人でも六カ月以上生きのびることはなかった。しかし彼は、御自分が世界に告げ知らせなければならないメッセージの重要性を、あらためて深く思われるが故に、自由の身となって伝道を続けることのできるその日まで、一切の困難に耐え、克服して行くことを決意されたのである。囚人の仕事の分担量は、故意に彼等の消化能力を上回って与えられていたのであるが、彼は、それ以上をこなしてやろうと決意された。かくして彼はその収容所に二年十カ月の間生活され、その群を抜いた仕事ぶりに対して、表彰さえ受けられたのであった」

つまり強制収容所での文氏は、ある目的を持った〝模範囚だった〟というわけである。では、どうやって釈放されたのか、「文師略伝」はこういっている。

「一九五〇年、韓国動乱が勃発したとき、米国のB－29機は、興南周辺の工場地帯を爆撃した。そして国連軍が海から上陸して、進軍しはじめたとき、収容所では囚人全員の処刑が開始された。彼が処刑されることになっていた日の前日、国連軍によって海軍の砲撃が興南において開始された。このような戦火の下で、共産当局がその地域から逃亡したおかげで、彼はその他の残された囚人達と共に、一九五〇年一〇月一四日、国連軍によって解放されたのである。（略）彼は、百マイルもの道のりを歩いて平壌に戻り、ひとりひとりを懸命に捜し出そうとされた（筆者注・彼の信徒たちを）。彼の囚人仲間のひとりが興南から彼についてきたのであるが、その青年は足を骨折しており、西へ行く長い道のりを歩くことはとてもできなかった。彼は釜山への六百マイルの道を自転車に乗り、その青年を背中に背負って運ばれたのである」

これが平壌ダェドン（大同）警察→興南刑務所→平壌→釜山にいたる文氏の足どりの経緯である。

しかし、前出の一連の資料のひとつによると、まず解放後日本から帰国した文氏は、平壌で既成教会と異なる「広海教会」という教会を設け、夜となく昼となく信者を集め、大声で祈り、按擦祈禱をおこないながら、今日の神秘的な教団をつくる基礎を築いたが、そのあまりの異様さに、周辺住民が官公署に陳情騒ぎを起こすにいたったという。この騒ぎのせいかどうか、文氏は終戦翌年の一九四六年はじめ、京畿道坡州郡臨津のイスラエル修道院を訪れ、金百文牧師のもとに約半年いたのち、同年六月六日、ふたたび平壌に舞いもどって布教を再開したとある。

そして、一九四八年八月一〇日、大同保安署（警察）は、文氏を社会秩序混乱罪の容疑で検挙、文氏は百日間刑務所ぐらしをした。出所後さらに布教をつづけたが、翌四九年二月二二日には姦淫容疑で逮捕され、こんどは実刑五年六カ月の刑をいい渡されたという。「社会秩序混乱罪」といい、「姦淫罪」といい、いったい文氏はなにをしたというのか。『韓国の新興宗教』の著者・卓明煥氏（韓国神学大学、牧園大学各講師で新興宗教問題研究所長）は、その著書のなかで明確にこう書いている。

「この二度の拘束（投獄）について、統一協会側は反共思想関係によるものというが、当時の文氏をよく知る人々は、彼が姦淫容疑で拘束されたことは確実であると証言している」

《単行本第三刷での追記》『韓国の新興宗教』の著者・卓明煥氏の著書を引用した。統一協会傘下の『世界日報』七八年九月二三日付は、卓氏がこれまでの認識を改めて、韓国の新聞に謝罪広告を出したむねの記事を掲載している。韓国におけるこの事実関係は、確認のうえ、いずれ詳細を明らかにしなければならないが、第三刷に当って以上を付記する。（一九七八年九月二八日　筆者）（＊現在、文鮮明の一度目の逮捕時期を一九四六年、二度目の逮捕時期を四八年、逮捕理由を社会秩序紊乱罪とする研究がある。編集部）

「血分け運動」の発端

聖職者と姦淫罪――平壌における文氏の二つの事件は、いささか生臭さすぎて筆が重いが、これは文氏の教義、つまり統一教の源流にかかわる問題といわれているので、もうすこしこの事件の背景と内容に立ち入ってみよう。

一九二三年（大正一二年）ごろ、日本の植民地下にあった平壌に李竜道、黄国栓という二人の牧師が「血分け運動」なるものを起こした。その教理は、「人類の母なるエバは、サタンの化身であるヘビと姦通し、神の前で罪を犯した。それによって人類は堕落した。この呪われたサタンの血を浄めるためには、聖霊を受けた人の新しい血を宗教意識のこもった性交によって受け入れねばならない」とし、「血分け」すなわち聖霊を受けた者を原点として、信者からさらに新しい信者へとつぎつぎと性交をおこなうことによって、より一人でも多くの人々を救おうというものである。この場合、女性から男性に血分けするときには〝騎乗位〟をとったという。むろん李、黄の両牧師は、神から「聖霊を受けた」いわば〝元祖〟であった。

この「血分け運動」は、のちに「混淫派」とも「霊体派」ともよばれるようになるが、しかし、当時の血分け運動は、苛烈をきわめた日本統治下のもとで、しだいに影をひそめた。ところが解放（終戦）後のドサクサにまぎれて、朝鮮半島にはまたもや怪しげな宗教が息を吹き返したり、無数の新興宗教が現われたりした。平壌における文氏の投獄事件も、こうしたなかで発生したのだった。『原理運動の秘事』には、そのころの文氏登場のいきさつをこうしるしている。

「解放後になると、彼らはすばやく平壌市内に家を構えて集会を開きはじめた。既成教会もまさに出獄した聖徒たちを迎えて、新しい信仰運動と悔い改め運動を展開しはじめた時期である。……李、黄の両人が分裂して引退したのち、この集団に一人の青年が登場した。それが文鮮明であった。文はその当時、国内で一流に属する富豪朴某氏の姑と、いわゆる彼らのいう清潔な性交をすることによって混淫派の上座につくようになった。ここで、彼らの元祖である李、黄と文鮮明の中間には、当然無名の混淫派十人あまりが介在したとみるべきである」

そして文氏が逮捕されるようになったのは、いまもソウルに居住している金某女史の夫が告発したことによるもので、文氏は本妻がいるにもかかわらず、女性信徒の金某女史と〝強制的な婚姻式ごと〟をやっているところを警察に踏みこまれた（金某女史談）としている。

文氏が二度めの事件によって、興南刑務所に収監された二年後の一九五〇年六月二五日、三八度線に火を噴いた朝鮮動乱がぼっ発。同年一〇月一四日、国連軍が興南刑務所を占領することによって、文氏は他の四人たちとともに釈放され、一二月四日の海軍艦艇便によって釜山に降り立った。このとき文氏は金元弼、林鐘和という二人の弟子を伴っていたが、彼の妻は平壌に残ったままだったという（『韓国の新興宗教』）。自転車で、足を骨折した囚人仲間を背負って陸路六〇〇マイルもの道を英雄的に踏破したのではなく、海軍艦艇便によって海路釜山へ輸送されているというのだ。

統一教のパウロといわれ、『原理講論』のまえに発行されていた『原理解説』の直接の執筆者であるともいわれる韓国前統一協会会長の劉孝元氏とは、この釜山で知り合った。劉氏は当時、肋膜炎脊椎カリエス、股関節結核などでギブスをはめる苦痛に陥っていたが、文氏の説教に感服して、のち、二人はソウルに上京。一九五四年五月一日、ソウルの城東区北鶴洞の小さな家に統一協会の看板をかかげた。これが世界基督教統一神霊協会のはじまりであるという。

この統一協会には、一年もたたぬまに二百余名の信徒が集まり、昼夜も分たず礼拝し、原理研究に没頭した。ところが、一九五五年の三月から五月にかけて、統一教の信徒である名門・梨花女子大の教授五名と学生一四名、延世大の学生三名が学校当局によって放校処分をうけた。理由は邪教集団に出入りしたというものだった。さらにそれに関連して、同年七月四日には、文氏も「社会秩序混乱および風紀びん乱」の容疑で警察に逮捕された。しかし、文氏は証拠不十分で三カ月で釈放された。韓国統一協会では「無罪釈放」といっているが、韓国の『世界日報』（＊日本の『世界日報』とは全く無関係。編集部）は当時この事件をスクープして「正体を暴露した統一教」「自分と関係を持てば救われる」という題やサブタイトルで大々的に報道した。

「神の啓示」による結婚歴

朝鮮動乱を前後したそのころの韓国には、雨後の筍のように新興宗教が発生していた。経済は極度に疲弊し、民衆は職もなく住居もなく、飢えと寒さの極限状況に追いこまれていた。そのようななかで新興宗教の按擦祈禱が流行した。「金をかけずに病気を治すのがなぜ悪い」というのが、当時の按擦祈禱志願者たちのいいぶんだった。事実、薬を買おうにも、その日の糊口に困窮した民衆には、その余裕すらなかったのである。聖書の講釈をする高名な祈禱師の門前には、按擦希望者が長蛇の列をつくった。

しかし、しょせん按擦祈禱は邪道にすぎない。もんだり、さすったり、祈ったりで病気や不幸がなおるわけがない。ついには按擦祈禱による過失致死事件まで続出するにいたって、民衆はこれら群小メシアを見放すようになった。こうしたとき頭角をあらわしてきたのが霊体派である。朴泰善氏の朴長老教会、金百文氏のイスラム修道派、丁得恩女史の三角山祈禱団などだ。文鮮明氏とこれらの教祖との関係については、韓国でかなり詳細に資料化されているが、ここでは割愛しよう。ただ、文鮮明氏がこれら霊体派の系譜に属し、教義の基底に、霊体派独特のセックス観が流れていることは、神学者や宗教家の指摘するところである。したがって、たとえば〝親泣かせ〟の一つである合同結婚にしても、再臨主・文鮮明氏の仲介による結婚であるがゆえに、サタンによって汚された血が浄化されるとするあたり、明らかに〝血分け〟の原始的直接行為を昇華し、近代化したものと考えられなくはない。

韓国霊体派は、その後、内部告発やら外部の指弾などが相ついで、一時期きわめてセンセーショナルな波紋をまき起こしながら、急速に凋落してゆく。文鮮明氏の統一教も、さきの梨花女子大学事件をきっかけにして教勢をそがれ、手痛い打撃をうけるが、その後、ソウルの竜山区青坡洞一街に本部を移し、本格的に伝道活動に拍車をかけるにいたって、教勢を徐々に回復し、五七年には『原理解説』を発行し、六三年には財団法人として登録するようになるのである。

この間、文氏は崔某女史と再婚したが、例の梨花女子大事件のあと離婚、このとき文氏は多くの信者たちがみている前で「ゴム製の韓国靴で夫人を殴打して、彼女を追い出す寸劇を演じた」(『新東亜』)という。

これに衝撃をうけた文氏は、またもや「神の啓示」にしたがって、教会の食母(お手伝いさん)をしていた寡婦の一九歳になる娘、韓鶴子さんと結婚した。文氏四〇歳、鶴子さんは高校生だったという。現在、信徒たちから「宇宙の母」と呼ばれているのが、この韓女史である。ときに一九六〇年三月、統一協会ではこの結婚の年を「天紀元年」と称している。また別の資料によると、文氏は崔某女史と結婚するまえ、つまり平壌から釜山に落ちのびたあと「氏名不詳の女性と結婚し、子どもまでもうけた」というから、平壌いらい実に四回結婚していることになる。が、このへんにいたっては不明とするほかない。

いま私はことさら興味本位で文氏の〝恥部〟をあばきだそうとしているのではない。ひとつには文氏のそうした奇怪な経歴と人間的側面をみることによって、統一教をより理解する手がかりをえたいためである。さらに文氏をめぐるこうしたスキャンダラスな噂や事実が、韓国では公然と伝えられているのにもかかわらず、なぜ統一教が教勢を拡大し、日本やアメリカなどに進出することができたかを追究したいためである。そして、そこには必ず原理運動のかくされたもう一つの側面があると思うからである。

神が死ねといえば……

東大に原理研ができたのは、昭和四〇年の初頭である。発起人の中心人物は当時駒場の教養学部にいたK氏（とくに名を秘す）だった。

K氏はその後三年余にわたって、文字どおり献身的に統一協会のために〝献身〟

（活動専従者として生活し伝道すること）してきた。東大を卒業すると、各地の教会やホームを転々としながら、昼は花売り、夜はレストランのアルバイトといった仕事もした。朝六時から夜一一時〜一二時まで働き、その間に祈り、伝道し、勉強もした。睡眠時間が平均二、三時間という期間もつづいた。

そのK氏が、統一協会に対して徐々に疑問を抱くようになった。第一は統一協会の非民主性である。人事も任地もなにもかも、上からの一方的な指令で動かされる。それはまあともかくとしても、統一原理による「人格完成とは何か」と彼が深刻に悩んでいるとき、来日した文鮮明氏にその質問をぶっつけてみたところ、「神が死ねといえば死ぬことだ」と教えられた。だが、その神の声をつたえるのはだれかとなると、彼はより悩まざるをえなかった。神の声を伝えるのは、再臨主・文鮮明その人ではないか。となると、文氏が死ねといえば死ぬ人間になることが、すなわち「人格完成」であるのか、これでは戦争中の「陛下の赤子」と、どう異なるのか——と徐々に考えこまざるをえなかった。

第二に統一協会の資金あつめと財政の曖昧さである。一本二、三〇円の花を三〇〇円で売りつける、いいかげんなカンパ活動（募金）をおこなう、それらはまだしもとして、神に仕える者が「鋭和B3」「鋭和3B」といった強力なエアライフルを売る。鳥獣殺傷の道具（注・これらは人的殺傷力もあるとして国会でも問題になったことがある）を売り歩けというにいたって、さすがに彼は拒否した。しかも、七〇年安保まえには会員に射撃訓練をおこなわせ、彼は幹部から「キミは共産党員の二、三人ぶっ殺せるか」とまでいわれた。パンの耳をかじり、着たきりスズメでかせいだ金はすべて協会に差し出したが、その財政収支についてはついに一度も報告を受けたことがない。そのうえ〝凶器〟を売り歩け、人殺しの覚悟はできているかでは、いくら狂信的な彼でも足もとから見直さざるをえなかったという。

第三に決定的に疑うようになったのは、教祖・文鮮明その人に対してであった。当時、『原理講論』はまだできておらず、彼らは布教のマニュアルとして、タイプ印刷の『原理講義案』を持たされていた。その『原理講義案』の一節に「再臨主が立てる実体的信仰基台の上に、主を絶対的に信じ従い、侍る聖徒が集まって第三次世界的カナン復帰の……」というくだりがある。K氏はこの『原理講義案』をボロボロになるまで読んだが、ずっとそのくだりに真っ赤な傍線を引いて保存している。

ここにいう〝再臨主〟とは、いうまでもなく文鮮明氏である。つぎの〝実体的信仰基台〞とはこの教理独得の用語と理念だが、ここでは直接関係がないので説明をはぶく。問題はそのつぎの〝主を絶対的に信じ従い、侍る聖徒が〞である。この場合も〝主〞とは再臨主の文氏のことで〝侍る聖徒〞とは信者のことではないか、つまり、ひらたくいえば、信者は文氏に絶対服従して、はべり奉れというわけではないか——ここに至ってK氏は、これは絶対に容認できないことだと思った。この教義の思想はまさに一人の専制主義者が、信者をあやつり人形のようにあやつるファシズムの思想ではないかと考えるにいたったのだ。

朝日にむかって「お父さま」

統一協会では新人を勧誘すると、修練所に入れて朝から夜まで徹底的に〝原理〞を叩きこむ。粗食と睡眠不足と雨あられのように浴びせてくる講師の声と……その修練の模様はこれまで多く語られているが、その結果生じるのは洗脳による一種の催眠状態である。大学生か、あるいは大学を卒業した、かなりの知的レベルをもつ青年たちが、こうして早朝、のぼる太陽にむかって「お父さまっ、と呼んでごらん」と講師にいわれると、まるで幼稚園の園児のようにいっせいに「お父さま」と唱和するようになる。同時に、文氏というメシアの再臨による地上楽園を築く聖徒としての使命感にかき立てられる。同時に、サタンの血に汚れたという原罪感に捉われて、その血を浄めるための努力に必死になる。統一協会の会員証をみても、「信条」として次のように刷りこまれている。

「私達は人間始祖アダム、エバの堕落により原罪を受け継いだ罪人であることを認める」

「私達は人類の不信仰により未だ神の御旨がなされていないことを認める」

「私達は現代において再びキリストを迎えることにより原罪を贖《あがな》われ、人格を完成し、真の家庭を築き、天と地に神の御国が建設されることを信ずる」

この会員証は昭和五〇年ころのものだが、それ以前の幸世商事の〝フラワー部隊〟の『私達の誓い』には、次のような誓いの言葉が記されている。

一、花屋の心情は寸分も持たず、天宙復帰の資金カンパの心情に徹すること。

一、中心者とその方針に対しては、一点の不満の思いも持たないこと。

一、目標を達成するまでは死んでも帰らない。即ち、摂理期間内にあっては、一睡もしなくても神のみ旨を成し遂げること。

一、神より四三〇億円を完全復帰する使命を与えられた幸世商事の一員たる我々は、父のみ旨四三〇億円復帰を貫徹するために死ぬまで力を尽くして努力し貫くことをお誓い致します。

以上の義務と使命をなすことにより、神の国建設のために生命を賭けて戦い、成し遂げることを、宣誓しお誓い致します。

原罪におののき、贖罪感と使命感に燃え、死ねといわれればいつでも死ねる人格ができあがるのも、これらをみればわかる。

『原理講論』には、神の「み旨成就」のために、神は九五パーセントの責任を持ち、あとの五パーセントは人間の責任分担として、「その人物が自分の責任を全うしなければ、神が予定された通りの人物となることはできないのである」と述べている。この五パーセントはくせものである。再臨主が現に目のまえにいるというのに、その人物、つまり信者である自分の努力不足で地上天国を築くことはおろか、自分自身も救われないことになるというわけだ。信者たちは、より必死になるのである。

また『原理講論』は、自由主義国を神の側とし、共産圏をサタン圏として、第三次大戦の必然性を予見している。さらに東方の半島、つまり朝鮮半島がサタン圏との境界で、三八度線がその対峙線であるかのようなことが内部では話されているという。かくして、現在を終末とみて、再臨主・文鮮明氏によって世界が神を中心に統一されなければならないとする。信者たちはサタン圏を屈服させるためにも、五パーセントの責任分担を全うする重大な使命をになっていることになり、花売り、人参茶売りから勝共運動にも真剣になるわけである。統一協会には「壮婦部」という壮年と年配婦人たちの部がある。この年配信者のなかにはガソリンスタンドを献物している者もいる。

統一協会の教えでは文教祖夫妻を〝真の父母〟、伝道して入信せしめた者を〝霊の親〟という。また、神の御旨にそった人間になるため「蕩減復帰」しなければならないという。蕩減復帰とは、ひとくちにいえば、罪ほろぼしをしてサタン圏から神の圏、つまり彼らのいう非原理圏から原理圏へ復帰するというほどの意味と解釈できる。なお彼らは、彼らの教祖の国（韓国）の土を各地に運んでは、そこを聖地にして礼拝している。昭和四二年一〇月、明治神宮内苑にその〝聖地〟があることが判明して、社会問題化した。みずからの聖地を犯された神宮側は、驚いてそこに「立入禁止」の札を立てた。この〝聖地〟決定について、当時、新聞は「約三年前、久保木会長（筆者注・日本統一協会久保木修己会長）ら幹部と、教祖の文鮮明氏の間で意見が「一致」したものと報道したことはさきにのべた。

元統一協会員によると、〝聖地〟はこのほか東大構内の三四郎池周辺や富士山頂、井之頭公園など一〇〇カ所以上もあるという。

こうした「原理」という名の教義について、森山諭氏（前出）は、まさに荒唐無稽、聖書の解釈を知らないものが書いた支離滅裂な論理が展開されているという。実際、門外漢の私でさえ、『原理講論』には首をかしげざるをえない。

たとえば、「神の啓示」をきいたのは文鮮明氏の主観であって、それだけでどうして再臨主たりうるのか。また、『原理講論』の講義では天使長ルーシェルがエバを誘惑して不倫な関係を犯し、それが人間堕落の根源のように説かれているが、なぜエバが天使長ルーシェルと姦淫したのか、天使に性殖が可能なのかどうか――聖書は譬喩と象徴によって書かれたものだといわれるけれども、あまりにも突飛な解釈がでてくると、マンガを見ているような感じさえしてくる。事実『原理講論』に対する批判には「統一原理というこけおどしの教義は……〈統一〉とか〈原理〉とかの皮をはいでいくと、次第に文鮮明という一個の誇大妄想狂の姿がうかびあがってくる。これが彼等の〈終末にあかされた奥義〉の内容である」（佐伯真光相模工大教授『大法輪』昭和四二年一〇月号）という学者の痛烈な一文もある。また、森山氏も『統一協会のまちがいについて』（クリスチャン文書伝道団）という一書で、教義の個々について専門的な批判を加えているが、そのなかで「（このように）自分を主イエス以上に自負する者は誇大妄想狂の部類である」と、教祖・文鮮明氏をきわめて異常視している。

その狂信的エネルギー

しかし、にもかかわらず統一協会はなぜ韓国で教勢を伸ばし、日本でも若者の間に浸透していったのだろうか。この疑問を解くカギはいくつかある。

第一に韓国での教勢拡大についていえば、その教えをみれば一見して明らかだが、韓国こそメシア再臨の地で、韓国民はそのために神から選ばれた民族であるとして、選民意識を昂揚している点だ。これは日本をはじめとする帝国主義列国の永い植民地政策の歴史をふりかえれば、選民意識が民族独立の裏返しとして必然的に肯定されるであろうことが、おのずからわかる。さらに統一協会がソウルで旗上げしたころの、つまり日本からの解放独立、そして朝鮮動乱という当時の時代背景を考えれば、もっとあざやかに首肯されるものがあるだろう。

第二に、ではどうして若者が原理運動に入っていくか。これは、現代の価値観の多様化のなかで、単元的に、しかも激越に〝原理〟という教義を提示している点に、若者たち、ことに学生が魅かれるものがあるのではないかと考えられる。しかも、統一理論はヘーゲルもマルクスも止揚した理論であると説くのだから、疑似インテリの学生がたやすくいかれてしまうのもムリはない。もちろんこれと同時に、若者をそこに走らせるもろもろの社会的ひずみがあることはいうまでもないだろう。

原理運動に入る学生のタイプをみると、過激派をふくめた左翼学生運動に参加することもできず、といってノンポリでいることもできない、なにか人生に指標をもとめ、社会の矛盾を感じているという、ひとくちでいえば平凡で〝純情〟な学生が多いといわれる。しかも、この純情居士たちが原理運動にとりつかれるのは、たいてい新入生当時である。

ではなぜ新入生に入信者が多いかといえば、もちろん新入生当時は〝純情中の純情〟であるし、大学では各サークルや政治セクトが新入生会員の獲得をめざして積極的に働きかけるということもある。が、同時に働きかけられるほうの新入生にとって、入学直後のとくに五月ごろは、いわゆる〝五月病〟といわれる、新入生特有の一種の虚脱状態におちいるときでもある。原因はいうまでもなく苛烈で、灰色の重苦しい受験競争の緊張感から一気に解放されたあとの反動とみられているが、この心理的エア・ポケットを埋めてくれるのがラジカルな新興宗教運動や政治活動だと思いこむのがふつうである。学生の場合、学業成績がよくて、いわゆるいい大学に入ったからといって、彼らが知識豊かであるとはいえない。かつて明治学院大学の学生のころ原理運動の修練会に潜入した室謙二氏（評論家）は、当時のルポにこう書いている。

「彼らは無知であった。勉強というものは受験勉強しか知らなかった。一般的な知識、読書の積み重ねがまったくといっていいほどなかった……そして彼らは一般の学生のように適当にやってゴマカスという才覚にかけていた」（『文藝春秋』昭和四二年一二月号）

その彼らの眼に映るのは、もろもろの社会悪であり、現代社会の根元的矛盾である。しかし、こうした無知が社会の矛盾を見つめるとき、そこに生じるのは自己行為の正当化という思考回路の短絡化か、何かの権威に依りたがる他力依存型態である。だから、彼らはある意味で時代の矛盾が生んだ申し子ともいえる。教育の在り方をふくむその悲劇的な社会のひずみこそ、基本的には問題であると私は思う。

第三に、共産主義社会をサタン圏と定義して、勝共運動を起し、統一原理と政治運動を結びつけたことによって、権力から手厚く庇護されていることだ。朴政権下、自民党政権下で、勝共運動がどれくらい重宝され、庇護されているかは、論をまたないだろう。

第四は、さきにのべた教義から発する、信者たちの恐るべき狂信的エネルギーだ。これらが一体となって、韓国から日本、日本から台湾、さらにヨーロッパやアメリカにも学生信者ができて、フランスでは「盗まれた子を返せ」と、怒った父母が抗議集会をひらき、ついには何者かによって、統一協会本部に爆弾が投ぜられた。また、アメリカでは日本と同じように、信者が人参茶売りや募金活動をおこなっていて、最初、地方新聞からぼつぼつ問題にされはじめていたのが、フレイザー委員会（米下院外交委国際関係小委）によって、一挙にＫＣＩＡの対米議会工作の恐るべき関連のなかで、統一協会への疑惑が追及されるようになったことは周知のとおりである。

新興宗教にはつねに狂気の部分がつきまとう。まして既成の価値観をひっくり返して、再臨主による地上天国をつくりあげようというのだから、〝狂気の沙汰〟でないとできないだろう。しかし、統一協会の原理運動には、教義とその方法論に問題が多いだけに、おのずから限界があるはずである。

あえて校名をふせるが、愛知県にS高等学校という伝統のある高校がある。昭和五〇年に創立五〇周年を迎え、生徒数は男女合わせて約一九〇〇名（五〇年三月現在）。規模の大きい私立学校である。

この学園に、三人の統一協会信者教師がいて、そのうちの二人が校内で大問題になった。

ことの発端は、Oという教師が自分の車に生徒を乗せて走っていたところを追突され、生徒と先生が入院した。事故は四九年暮れ、冬休みのあいだのことである。

ところが、この学校では教師が生徒を自分の車に乗せることを原則として禁止していた。不審に思った同僚教師たちが、ひそかに調べてみると、驚くべき事実が判明した。問題のO教師が入院したのは、ムチウチ症で年があけてからだが、追突事故の直後、O教師は自分が顧問をしている生徒会クラブ「社会福祉同好会」のメンバーの生徒十数人をあつめ、ある生徒の家でクリスマスパーティをおこなったのち、そのまま三日間の無断合宿（校長の諒解なく）をしていた。しかも、その合宿の内容が、なんと『原理講論』の講義とスライドによる統一原理の教育だった。

事態を重視した同僚教師たちが、さらに調べを進めてみると、教師一一二人のうち確実に統一協会員とみられる者が三人いて（男二、女一）すでに夏休みと冬休みを利用して、名古屋市守山区にある統一協会守山修練会道場に六人の生徒を送りこんでいたことがわかった。また、三人のうちの一人、H教師（男）は生徒会クラブ「ミステリー同好会」の顧問をしていたが、彼もまたクラブを通じて〝原理講義〟をしていた。そして修練会に送りこまれた生徒たちが持っていた〝原理講義〟のノートは、それぞれ数冊にも達していた。

ニューヨーク郊外の大財産

それればかりではない。ある教師はかつて同校に勤務していた某教師から、辞めぎわに「実は私は統一協会から派遣されてきたのだ」と告白されている事実も判明した。しかも問題のO教師は、その辞めた教師の車に乗って、追突事故を起こしていたのである。そこで、三人の統一協会信者教師はいずれも、協会の指令で生徒をオルグするために入ってきたのではないか……という疑問が生じた。これについて、疑いをかけられた統一協会側の教師たちは、そのようなことはないとつよく否定したが、ただ、H、O両教師はクラブ活動を通じて〝原理講義〟をおこなっていたことは認めた。

ちなみにH、O両教師は、ともにソウルで集団結婚をしている。いわば統一協会の筋金入り会員といえる。信仰の自由は憲法で保障された権利ではあるが、しかし、特定信仰を教育の場に持ちこみ、未成熟な高校生に吹きこむのは問題である。生徒にとって、これは彼らの生涯にかかわる事柄であるし、保護者の親にとって重大事である。

私は統一協会に入った若者が、引きとめる親との抗争のはてに自殺し、あるいは自殺しそこなって廃人同様になった例をきいている。似たような悲劇は全国にかなりあると思う。それでなくても、教師がその立場を利用して、生徒を特定思想、特定信仰へ誘導することは社会的、道義的に断じてあってはならないはずである。

この問題について、S高校教職員組合はスト権をかけて、H、O両教師の弾劾を決議、「君たちは自己の狂信する統一協会の信者づくりのためにクラブ活動を利用した。父母から大切な子供をあずかり、その信頼の上に教育する者にとって、君らと教壇に立つことは私たちの良心が許さない。現に君らが悩みの極みへ突き落としてしまった生徒たちの心は、親の怒りは、君らがいるかぎり癒やされまい。私たちはいま君たちが教壇を去ることを勧告する」と、H、O両教師に辞職の勧告をおこなった。

愛知県ではこのほか県立I高校で、数学教師が自宅に教え子を誘って勉強を教えながら、原理運動の教育をしていたのがわかって、問題化したことがある。この〝原理教師〟は昭和五一年依願退職したが、その後、彼は学校の教室でも〝原理〟を教えていたとして、国会で文部省の対応が追及された。

しかし、S・I両高校のこの〝原理運動騒動〟は、ある意味で原理運動の限界を示す象徴的な事件といえる。

国内から目を外国に転じてみよう。アメリカではニクソン大統領がウォーターゲート事件で激しい非難をあびているとき、統一協会は「ニクソン支持」のデモをくりひろげた。信徒たちは「神はニクソンを愛している」というプラカードをかかげて、ホワイトハウス前をはじめ、全米各地でデモをおこなった。だが、その結果はどうだろう。ニクソン大統領はみずから掘った墓穴にころがり落ち、統一協会は冷笑と反感をかったものだった。

一九七四年、統一協会はニューヨークのマジソン・スクエア・ガーデンで「キリスト教復興」をうたった大集会を開き、二万余の聴衆を集めたと豪語していた。だが、文鮮明氏の説教が終わるころには聴衆は減り、そのうえキリスト教各派の抗議デモが押しかけて、首尾はさんざんだった、と現地からの報道は伝えた。

おヒザ元の韓国ではどうか。いまや〝統一教ブーム〟はさめ、教勢は傾きはじめ、「毎週教会に出席する信徒は一万名内外にもみたないという話がある」といわれ、文鮮明氏はこの教勢ばん回のため「協会内の組織を刷新する意向をもらした」そうだが、祖国である韓国でさえ、彼を「異端視している」（『新東亜』七五年三月号）ありさまだといわれる。さらに、

「文鮮明氏は、いまや一千億ウオン（一ウオンは〇・七円）の財産を掌握しているという噂がある（略）。夫人・韓鶴子女史と五男三女のために、ニューヨーク郊外に三万坪の広大な土地に私邸を建ててあり、子供たちには英語の個人教授以外にもピアノ、バイオリンの個人教授をうけており、それにはニューヨーク・フィル・ハーモニー・オーケストラの団員を雇うほどである」（前掲『新東亜』）という。事実とすれば、パンの耳をかじり、ボロきれのようになって人参茶や幸福の切符を売り歩いていた信者の姿と、この文氏の生活とのあいだに、私はなにほどの宗教的意義を見出すことはできない。文氏に関するこうした噂やエピソードは、ほかにもまだあるが、一応措こう。

さきのK氏は統一協会で三年あまり身を挺して働いて、ついにある日、病気で倒れた。彼はその後もずっと病院に通っていたが、統一協会からはついに一人の見舞いも、一銭の援助もなかったという。彼は統一協会とは争ってはいるが、まだ会員としての籍はあるはずだといい（昭和五〇年）、このため、三年余のあいだに自分が働いて統一協会に提出した金を返してほしいと内容証明つきの手紙を出して要求した。K氏のこの要求は、いったん神に献金したものを返せといっているようなものかもしれない。

しかし、これを非常識といって、だれが笑うことができるだろうか。

2　統一協会・原理研の〝怪金脈〟

一大フェスティバルの熱狂

一九七五年（昭和五〇年）一月一三、一四、一五の三日間、「希望の日フェスティバル」という大集会が東京・九段の武道館ホールで開かれた。

入場料は無料。東京在住の方なら、この開催期間中とそのまえの数日間、都内のめぼしい駅頭や街頭で、おびただしい数の入場券が若い青年男女によってタダで配られていたのを憶えておられる方も多いと思う。もっとも、入場券と同時に『希望の日』というパンフレットを買わされた、いや、厳密にいえば、パンフレットと交換に〝献金〟させられた方もすくなくないはずである。

初日の講師はレバレンド・サンミヨン・ムーンという人物だった。聞きなれない西洋名前だが、れっきとした東洋人である。武道館に通じる九段坂には、このレバレンド・サンミヨン・ムーン氏のカラー刷りの肖像入りポスターが、さながら選挙の投票所を思わせるほど、びっしりと賑やかに飾り立ててあった。

さて、場内――。開幕は外人コーラス団と韓国人舞踊団のショーに始まって、レバレンド・サンミヨン・ムーン氏のアメリカ講演旅行の記録映画が、まず上映された。武道館の収容定員は一万五千人である。円型ホールの端に舞台とスクリーンが特設されて、さすがにその裏側の席に坐る聴衆はいなかったが、入場者のおよその見当はざっと一万二、三千人。ともかくぎっしり埋った客席は、早くも前座のこれだけの演し物で拍手につぐ拍手がつづいた。ことにスクリーンにレバレンド・サンミヨン・ムーン氏が現れようものなら（といってもほとんど連続して現れるのだが）、そのたびに割れるような〝熱烈拍手〟が一斉に湧き起こって、耳を聾《ろう》せんばかりとなった。

前座が終わって、いよいよ本モノのレバレンド・サンミヨン・ムーン氏が演壇に現われると、満場総立ち、うめきとも悲鳴ともつかぬ声があがって、ボルテージは頂点に達した。全体が異様な熱狂集団と化して、あの広い武道館を圧し潰すのではないかと思うほどの不気味な熱気を漲《みなぎ》らせた。

ところで、この注目の人レバレンド・サンミヨン・ムーン氏とは、いったい何者なのか。

　実はそのころ、「原理運動被害者父母の会」のメンバーは、なぜマスコミは彼の実名を暴露して世間に知らせてくれないのかと地団駄をふんでいた。彼とは、なんと原理運動の教祖・文鮮明その人だったからである。したがって武道館で〝熱烈拍手〟を送ったのも、いうまでもなく原理研究会や統一協会（世界基督教統一神霊協会）の全国から馳せ参じた会員、つまり信者たちがほとんどだった。被害者父母の会にすれば、おりから問題の集団結婚（二月八日、ソウルで）がおこなわれた直後のことだけに、この催しはより腹立たしい彼らの大デモンストレーションとも映ったのである。

　しかも、レバレンド・サンミヨン・ムーンとは、たんげいすべからざるアイデア・ネームであるのだ。というのも、レバレンドは文字どおり神父、サンミヨン・ムーンとはSun Myung Moon――朝鮮語読みの〝鮮明文〟を英語なまりに綴ったものである。しかも、信者の講義ノートによると、鮮の〝魚〟は海、〝羊〟は陸、明は〝日〟と〝月〟をあらわすとあるから、いかにもメシアらしい壮大さと壮重さを持つことになるではないか。

　それにしても統一協会はよくよく派手な宣伝や集会が好きとみえる。この前年は

（昭和四九年五月）帝国ホテルで「希望の日晩餐会」を開き、現職大蔵大臣の福田赳夫氏をはじめ政財官学界のお歴々を一千人近くも招待して話題をまいた。昭和五〇年はそうしたきらびやかな話題こそなかったが、レバレンド・サンミョン・ムーンという意表をつく名前で東京でまず大フェスティバルを開催、ジャンボ機を借り切って六百人あまりの『ワン・ワールド・クルセード』（世界統一十字軍）という傘下組織内からも〝外人部隊〟を動員して来日。東京を中心に仙台、名古屋、京都、大阪、広島、福岡と日本を縦断する主要都市で大デモンストレーションを三カ月にわたって展開し、そのあとも台湾、イギリス、フランス、イタリア、ドイツ、オランダと世界を股にかけての行脚を計画した。

恐るべきはこの〝経済力〟である。昭和四九年といい五〇年といい、日本だけでもこれだけ絢爛豪華なフェスティバルを開いているというのに、外国ではこれまでももっとすごいことをやってのけている。

たとえば一九七四年九月、統一協会はさきのニューヨークのマジソン・スクエア・ガーデンで「キリストの再興」をうたった大集会を開いたが、このとき前景気をあおるため投じた費用がなんと六〇万ドル（一億八千万円）といわれている。カラー写真入りポスターを貼りめぐらし、『ニューヨーク・タイムス』に全面広告を出すなどして、ニューヨーク市民を驚かすほどの、派手なPRと演出をおこなったものだった。

さらに韓国の『週刊朝鮮』によると、一九七五年一月一六日に開かれた「希望の日韓国晩餐会」にはソウルのホテルに著名人士七百名を招待して「一万ウオン級（一ウオンは約〇・七円＝当時）の最高ディナー」でもてなしたという。また、今後の事業計画についても、文鮮明氏の片腕である朴普熙韓国文化財団総裁が明らかにしたところによると、統一協会は同年中にニューヨークに一億ドルの資金を投じて大学を建設、翌年四月にはやはりニューヨークのヤンキースタジアムで史上最大の二〇万人集会を開き（この費用一五〇万ドル）翌々年には韓国の汝矣島に二百億ウオン級のマンモス聖殿を建立する予定であった。そして、この「湯水のように使う」莫大な資金の出所に対して、「統一協会の信徒たちが血と汗を流して儲けた金以外に出るはずがないと朴普熙氏は語った」（同誌七五年一月二六日号）という。これは一宗団としては驚くべき大規模な事業である。しかも、その信徒の血と汗による献金が、日本やアメリカからのものにかなり期待を寄せていることも、同記事は朴氏の話として伝えているのである。

でなければならない。

人参茶〝快進撃〟のナゾ

とすると、御本家の韓国から期待される日本の統一協会の資金能力は、よほど豊かでなければならない。

では、それはどのような組織と調達方法によるものなのか――これを知る手がかりとしては、統一協会の予算規模をみるのが一番手っとり早いのだが、日本の宗教法人の場合、信教の自由の建前から、その収支の在り様を所轄官庁である文部省へはもちろん、いかなるところにも報告する義務を免ぜられている。つまり、教団にどれくらい献金がおこなわれ、それがどのように使われているかは、いっさい厚いベールにつつまれていて、容易に推測することすら許されないのである。それだけに統一協会の年間の予算規模については諸説ふんぷんとしていて、そのころでも二〇億円説、二五億円説、三〇億円説があったし、もっと大規模であるはずであるという元信者もいた。

ただ、規模(額)についての諸説はあるけれども、その主たる収入源が信者献金であり、具体的にはだれでも知っている彼らの〝花売り〟〝高麗人参茶売り〟そして〝募金活動〟などにかなり大きく依存しているであろうという点で、ほとんどが一致した。

ちなみに、改めていうほどもないだろうが原理研、統一協会、勝共連合は同根の組織体である。原理研はいわば理論の研修組織体、統一協会は宗教法人そのもの、そして勝共連合はこの統一協会を母胎とした政治団体である。昭和五〇年、当時の統一協会阿部正寿広報委員長によると、日本での会員（信者）は約二〇万人、統一協会用語でいう献身者（政党でいえば専従者）は約一万人、全国大学原理研究会に所属する大学は約一四〇大学、教会数は二二〇カ所におよぶという。なお『韓国宗教総鑑』（一九七三年版）によると韓国での信者総数は約三〇万一八〇八名、当時、日本は韓国につぐ布教国となっている。これらの数字を額面どおりに受けとれば、まさに一大新興宗教勢力といえる。もっとも、公称と実数のあいだには、つねに落差が伴うものであるので、これについてはのちにふれる。

統一協会の資金をささえる組織としては、こうした〝正規部隊〟のほかに、「統一産業」「幸世商事」「世一観光」「幸世自動車」「幸世建設」といった〝関連企業グループ〟がある。統一産業は、ひところ問題になったエア・ライフル銃の輸入元、幸世商事は信者がさかんに売りまくっている人参茶や韓国製大理石の壺の輸入販売商社、世一観光は合同結婚の渡航手続きをおこなった旅行社、幸世自動車は主として関連グループに車を売る会社である。ただし、統一協会は、これらの会社を「信者がやっている会社であって統一協会と直接関係はない」といい、また一連の関連企業のなかには自社を統一協会に関連づけてみられることを極端にいやがる会社もある。たとえばグループ中、最も〝花形〟である幸世商事の場合を紹介してみよう。

所在地は東京都渋谷区神南一―二〇、道玄坂と道一本へだてた、ひょろ長いビル（丸恵ビル）の七階にあって、このビルには統一産業や世一観光も同居、さながら関連グループのメッカの観を呈している。

昭和五〇年二月、私が訪れた当時の社長は古田元男氏、昭和一七年生まれ。さきの『韓国宗教総鑑』には統一協会「兵庫地区地区長」となっている。また、やはり〝関連会社〟で『世界日報』（日刊）を発行している世界日報社の取締役にも名をつらねていた。若いけれども協会内ではかなり重要な地位を占めていることがわかる。

私が幸世商事を訪れた目的は取材である。そのとき同行した月刊『現代』誌F記者とのインタビューには、古田社長が多忙であるという理由で、専務取締役で経理部長のN氏、常務取締役で営業第二部長のA氏が応じた。二人ともまだ三十代前半である。取材の趣旨を告げると、彼らは「マスコミにはいわないことを書かれることがあるから」と、一方的にテープレコーダーをセットした。

したがって、ここでは双方のやりとりをきわめて忠実にかつ、できるだけ正確に記述してみる。まず、統一協会との関係。たしかに社長は熱心な信者ではあるが、社員約八〇人のうちやはり熱心な信者であるのは、一〇人ほどにすぎないといい、

「わが社が統一協会や勝共連合とも無関係であることは、韓国製の人参茶や壺だけでなくソ連製のジャム、中国製の蜂蜜を扱っていることをみても明らかでしょう（と、その製品を持ち出す）。約三、四百社あるわが社の特約店にしても、小はサイドビジネスに毛のはえたようなものから、大は一五、六人いるところまであって、このなかには創価学会員の店もあれば共産党員の店もある。そうじゃなければ商売はできませんよ」と主張した。

また、このA役員にしても、協会へは社長への義理で二年ほどまえに一度行ったことがあるが、会員になっているとすれば、そのときむこうが一方的にしたもので、「二年も行かなきゃ会員とはいえないでしょう」といい、したがって、統一協会および勝共連合への献金もゼロであるといった。

では、現に原理研―統一協会員が行商しているといわれる同社の人参茶は、どうい

うルートで渡っているのか――。

「さあ、それは当方の預り知らぬところで、流通段階のどこでどう彼らが仕入れているかわかりません。こちらはただ品物を卸すだけで、個々の特約店のセールスマンまでのことはどうも……。おかげで代理店（卸問屋＝約四〇社ほどあるという）のなかには、統一協会と幸世商事はわれわれをダシに使っているのじゃないかといいだすところもあって、こちらは弁明に大わらわです」

端的にいえば、幸世商事と統一協会とは、経営的にも組織的にもいっさい無関係であり、さらにこの二人の役員は集団結婚や武道館の集会の熱気なども、いささか「異様にみえる」非信者であることを強調するのである。ついでのことに「宗教人は独善的で商売は無能」とまでいいきった。

当時、幸世商事の占める人参茶の国内販売シェアは、この二人の役員によると八〇パーセント近くに達していて、年間売上げも前々年四億五千万円だったのが、前年には一挙に一六億円へ、同年は三月期までの見込みで三〇億円に達するだろうといった。まさに〝倍々ゲーム〟のような急伸張だが、たしかに、これは大蔵省の貿易統計によっても人参茶の輸入が前年あたりから急速にふえていて、この間の事情をうかがわせるものがあった。ただし、この〝急伸張〟もまた統一協会信者の〝モーレツ行商〟によるものではなく、同業他社の本業が繊維メーカーであったり、衛生器具（コンドーム）の販売業であったりして、人参茶に全力投球したのが幸世商事一社であることが、成功した大きな理由だろうと説明した。同時にもちろん、同社が一手輸入している韓国の一和製薬という人参茶メーカーの製品の品質が優れているからだ、という強調も忘れないでつけ加えるのであった。

奇妙なり〝藪の中〟

けれども、幸世商事のこの〝関連企業〟への否定を、はたしてそのままウ呑みにできるかどうか。

さきに統一協会がこれら関連企業を、「たんに信者が経営している会社であって、統一協会とは直接関係ない」と説明したことを記した。幸世商事役員の説明もまた、これを裏づけるものであるが、それらがいかに世間を欺瞞するための偽装であるかは、のちに徐々に明らかにすることができたが、すくなくとも部外者である第三者が、これを裏づけることは容易でなかった。いわばそれほど彼らは公然とウソをつくことに平気であった。

率直にいって、統一協会に対する漠然とした疑惑が、私のなかでより濃厚になっていったのはこれを機会にしてであった。当時、その疑惑をただすために、私がどのような裏づけをとったか、いまにすればまことにこっけいなほどのことではあるが、統一協会の体質を知るうえでの一石ともなりうると思うので、あえて当時記録したものに、さらに加筆しながらなぞってみることにする。

――たとえば統一協会弾劾の著書をものして、真っ向うから統一協会、原理研、勝共連合に挑戦しているさきの荒井荒雄氏。荒井氏はかつて水戸市に住んでいて、事業所の一室を原理研の学生たちの活動の溜り場に提供したことがある。当時、荒井氏は廃品回収業など、いくつかの事業を経営していたが、事業がピンチに陥ったとき、杳又億萬氏（後述）がきて、事業を助けよう、人手も出そうということで、協会の青年信者たちを使って病院の古いレントゲンフィルムを回収、そこから水銀をとって短期間に莫大な利益をあげた。こうして統一協会へは数百万円もの大口献金をさせられたこともある。荒井氏の話だと、来日した文鮮明氏と握手し、明治神宮の〝聖地〟で一緒に祈ったこともあり、これは荒井氏に対する教祖の実に破格な扱いを示すものだったそうである。

ところが、事業が軌道に乗ってくると、統一協会側は荒井氏を入会させようとし、荒井氏はこれを拒否した。この荒井氏が統一協会を敵に回して孤軍奮闘するようになるのは、「彼らが私の事業を乗っとろうとし、それらを通じて協会が社会的存在悪であることを知ったからだ」といい、すでにしてそのころ「統一協会の謀略的性格を感じていた」という。これほど幸世商事と浅からぬ因縁のあった荒井氏が幸世商事役員の私に対する説明について、「統一協会が主要兵站部である幸世商事を手放すわけはない。それはカモフラージュとしか考えられない」ときめつけた。

また、「サタン圏と原理圏を異常なほど区別する協会が、関連企業の役員に信者以外の者をいれるはずがない」という元信者もいた。さらに、こうした〝偽装説〟については、別の元信者からの意外な〝証言〟がでてきた。

仮にF・Nさん（女性）としておこう。昭和四六年から四七年にかけて入信、当時松江市にある島根大学に在学していた。その彼女が決定的ともいえる〝証言〟をした。

「わたくし、その幸世商事常務のAさんとは、松江のホーム（会員が起居を共にする修練所）でたしか一緒でした。Aさんは伝道師でしたが、そういう感じの全然しない人で、車の運転はうまいし、花売りの成績も抜群で、花の仕入れをはじめ、どの地区へだれが売りに行くかも彼が指示していて、まあ、花売りの責任者みたいな存在でもあったのです。ですから『Aさん、こんなところへ入る人じゃないみたい』とからかったこともあるんです。すると、『そうなんだよ、オレはだまされて入ったようなもので、誘われたとき〝金が儲かりますか〟ときいたら、〝儲かるよ〟というもんだからね』というような、とても面白い人でした。たしかAさんは結婚も合同結婚式だったはずです」

ちなみにFさんはこの確認のためかつて居住していた松江の統一協会ホームに電話して、A氏の消息をきいてみた。すると「Aさんはいま幸世商事にいます」という回答があったともいい、松江のA氏と幸世商事のA氏が同一人物であることにまちがいはない、と断定するのである。とすると、「二年ほどまえに形式的に入信させられたことになっているかもしれず」集団結婚や武道館での熱気に「異様さを感じ」「宗教人は独善的で無能」とまできめつけるA氏とは、いったい何者なのだろうか……。

そこで、われわれは再度A氏に会って、この疑問をぶつけてみた。すると、統一協会にはA氏と同姓で名は同音だが、字がちがうだけの男がいるらしい、もしも自分が彼とまちがわれれば「私の親兄弟は私が信者になったんじゃないかと心配します」とまで、ぬけぬけと否定したのであった。しかし、Fさんが知っているAと幸世商事役員のA氏とは、年恰好から出身地、出身大学まで一致する。これを偶然の符合といえるかどうか、Fさんは場合によっては、A氏が同一人物であることを証明するため〝面通し〟してもよいとまでいいきった。いささか〝藪の中〟じみた、奇妙な話はほかにもあった。

前年七月、東京豊島区にある幸世商事の特約店に『パート・アルバイト募集』の貼り紙がしてあったので、ある女性が応募した。すると同店責任者と称する女性がでてきて、「パートというのは人参茶のセールスですが、マージンその他くわしいことは私ではわからないので、幸世商事本社へ直接行ってきいてほしい」といわれた。とすると、これまた幸世商事は「品物を卸すだけ」という会社側の話と矛盾してくる。これについても統一協会側はそれは例外的にそういう特別扱いのケースがあったという意味の説明をわれわれにおこなった。

そこで、この〝藪の中〟を整理してみると、統一協会と幸世商事と信者の人参茶、壺売りとは相互に関係がなく、それぞれがてんでんばらばらに自由なことをしているにすぎないという統一協会、幸世商事側の主張の図式がえがかれるものの、それにしてはあまりにも相互を密接に関連づける傍証が多いのであった。
では、この奇怪にしてマカ不可思議な関係を、私とF記者はどう理解すればよいのか。もうすこし具体的な事例を引き出して、検討してみようではないかということになった。

小切手不正輸出事件も……

話はやや古くなるが、昭和四七年一一月、兵庫県警と水上署は「小切手不正輸出事件」の〝黒幕〟とみられる二人の男を逮捕した。当時、地元紙『神戸新聞』はこう報道した。
「信用度の高い銀行保証の自己あて小切手が不正に韓国に持ち出され、日本からの密輸出品の支払いにあてられていた。〝小切手不正輸出事件〟を調べている兵庫県警防犯課と神戸水上署は二十一日までに事件の主役とみられる東京都渋谷区神南一―一九、統一産業会長I（三五）、同一―一〇、幸世商事元取締役F（四〇）の二人を外国為替管理法違反（支払い手段の不正輸出）の疑いで逮捕した。IとFは反共組織として知られる『国際勝共連合』（東京都港区赤坂三ノ四）や『世界キリスト教統一神霊協会』（東京都渋谷区松濤町一ノ一）の幹部で、両団体が事件と何らかの関係があるのではないかとみて追及する」（一一月二三日付）

この報道があったその日、兵庫県警と水上署はさらにもう一人、統一協会の伝道師を自称していた曺又億萬（日本名・大山高誉）を指名手配した（曺は当時海外に逃亡中）。容疑は曺も自己あて小切手約三〇枚、計三千万円を無許可で韓国に持ち出したとするものだった。これで、彼ら一味が不正に持出した小切手の総計は約八〇〇枚、七億円余の巨額にのぼるとみられた。兵庫県警によると事件の発端は、昭和四六年一二月に発覚した韓国船第十一住幸号の船員による密輸事件からである。この密輸事件は同船員二人が日本で仕入れた鹿茸《ろくじよう》（強壮剤）や高級時計を密輸出しようとしていたのを水上署が取り押さえたところから始まる。調べているうちに、彼らが日本の市中銀行振り出しの小切手を使って品物を仕入れているのがわかった。ところが、この小切手を彼らは〝釜山の親分〟から貰ったといい、韓国から持ち込んだことを自供した。

そこでその後も注意して、その韓国からの密輸事件にからむ小切手を調べてみると、次から次へとおびただしい日本からの振り出し小切手が出てきた。ふつう百万円もする小切手なら折り目も少なく見た目にも新しいのに、これらの小切手には小さく折りたたんだ跡があり、明らかに〝隠し持って〟出た形跡があった。こうして兵庫県警では不正持出しとみた約八〇〇枚にのぼる小切手を一枚ずつ丹念に追跡調査、約八カ月かかって割り出したのが〝統一産業グループ〟の容疑者たちだった。なかでも逃亡中の書は最高顧問格で、統一協会でもかなりの実力者であった。

ところで、彼らはいかなる目的で小切手を日本から韓国へ持ち出したのか。県警では当時〝円高ドル安〟で日本円がヤミルートで高く売れたので、この利ザヤ稼ぎを狙ったものと判断、おそらくこの利益で、①外国布教の資金②韓国での統一産業グループの運営資金に使おうとしたものとみていた。

当時、韓国では「東和チタン工業」「一和製薬」「一信石材工芸」「統一産業」などのいわゆる〝韓国統一産業グループ〟が設立されて、これから軌道に乗せようという時期だったため、多額の資金が必要となったのではないかとみられた。ちなみに東和チタン工業は道路などの白線を描く材料をつくるメーカー、一和製薬は幸世商事に一手輸出をおこなっている人参茶メーカー、一信石材工芸は同じく大理石の壺などを作っているメーカー、そして統一産業は日本の統一産業が輸入して問題になったエア・

ライフル「鋭和3B」をつくっているメーカーである。しかも当時、日本側の統一産業グループも振わず、協会の運営資金は「すべて花売りや廃品回収といった熱狂的な会員のキャラバン部隊によって集められていた」（兵庫県警）というから、なんらかの大量の資金捻出法の必要に迫られて小切手の不正持出しをおこなった……と追及されたものだった。

この事件は、神戸地裁で裁判に付された。統一協会側は「フレームアップ」と主張した。

「全員無罪」となった確定判決についてはのちに述べるが、公判がかなり進行していた昭和五〇年三月の段階で、統一協会は自己の組織の実力者である曺又億萬氏について「それが大山高誉と同一人物であるかどうか知らない」（広報委員長）と、私の質問に対して回答した。

曺又億萬、日本名・大山高誉は公判中の四七年当時、六七歳。その後、この公判によって明らかになったことをあげれば、彼は統一協会の国際伝道師であると同時に、関連事業団体の指導育成に当り、〝熱狂グループ〟の育ての親でもある。

日本統一協会の幹部職に「役事」というポストがある。ここには当時三人の女性が就任していたが、そのうちのひとり松本道子氏は、通称〝松本ママ〟の名で統一協会内で知られている。彼女は最初、西川勝こと崔翔翼によって入信、会員として大阪、名古屋、東京を開拓伝道、関西地区長をへて、六七年に本部役事となっている。本名は曺正道、韓国慶尚南道固城水南道に、一九一六年四月一五日生まれ。一九二七年、一一歳のとき来日、五十年余滞日しており、その彼女は大山高誉こと曺又億萬氏の妹であるという記録がある。

この兄と妹との統一協会における地位と滞日歴からみても、統一協会の広報責任者たる要職者が、「大山と曺が同一人物であるかどうか知らない」というのは常識的にいっておかしい。まして大山は初期の幸世商事で社長格だったこともある人物であるのだ。

だが、はからずもこの小切手事件で浮かびあがったのが、韓国統一産業グループと日本側統一産業グループの国際的、横断的な繋がりである。これについても、のちにさらに詳しくのべるが、すくなくともこの時点で、日本側グループを捜査した兵庫県警では、日本の統一産業グループを押収資料にもとづいて次のように分類した。

「第一事業部＝統一産業、I会長は日本統一協会会長である久保木修己氏の片腕と目される人物で、事件当時は勝共連合渉外部長、また日本での経済部門での最高責任者。なお、統一産業は全国に二十九の銃砲販売店を持っているほか、ラジオ部品、スピーカーなどの韓国輸出もおこなっている。第二事業部＝幸世商事、幸世自動車、幸世不動産、世一観光など。人参茶や大理石の壺を行商する〝キャラバン部隊〟は幸世商事に所属する」

もっとも、幸世商事のさきの役員によると、幸世商事ではその後役員を一新し、現役員にしても、社長の古田氏をのぞくほかは、一～二年のあいだに入れ替っており、専務のN氏も二年半まえに入社、常務のA氏にいたっては前述のとおり。これら新役員によって、あるいは〝脱協会化〟が静かに進行しているのかもしれないと外部には思わせるものがあったし、彼らもまた前述のように統一協会との関連否定を躍起になって強調していたのである。しかし、韓国統一グループの一和製薬の製品である人参茶が幸世商事によって輸入され、原理研、統一協会の会員によって販売されていることは、幸世商事がいくら打ち消しても、統一協会との関係に疑惑を抱かれる要素であることを否めなかった。

「三カ月で四百個売って下さい」

森川千鶴さん（仮名）、年齢は当時三〇歳をすぎた分別盛りで、都内某大学の研究室にいたインテリである。本人の要望でこれ以上身もとを明かすことはできないが、昭和五〇年の合同結婚がおこなわれるすこし前に、統一協会を〝脱退〟した。

「好きな人といっしょになったのでは〝蕩滅〟（統一協会の用語で〝償い〟）にならないと、有無をいわさず相手を決めていくんですね、合同結婚は。五人のリストを提出して、そのなかから文鮮明が相手を選んでくれると宣伝していますけど、そんなのはごく一部です。実際は会場に未婚者を集め、ハーイ、三〇歳以上の男子は壇上へ、つぎ、同じく女性といった具合で、パッパッと決めていく。ですから一秒のうちに二組くらいは決定して登録される。ところが、それを不自然に感じないムードと論理をつくるんですね、あの協会は……」――この話は、いささかの誇張があるかもしれない。が、いずれにしても冷静にみると、バカバカしくなって協会をやめたと彼女はいうのである。

統一協会のパンフレットによると「統一原理とは文鮮明先生が二十年間苦難と闘って、ついに聖書の真理とキリスト教の背後に流れる宇宙創造の神の根本原則を解明したもの」とある。

教義は「創造」「堕落」「メシア再臨」「復活」「復帰」などがあって、宗教に無縁な私には理解に困難なところが少くないが、たとえばアダムとイブ（エバ）のその昔、天使長ルーシェルがエバを誘惑して、人間の血の中にサタンの血が流れるようになったのは、例のエデンの園でイブが禁断の実を食べるとき現われるヘビが、この天使長の変身したものだとして、メシアの再臨である文鮮明氏が結婚の仲立ちをすることによって、この血の汚れが浄められるのだとされ、合同結婚の論理も、つまるところ、そこから発しているといわれる。

この教義はさらに発展して、統一教を信ずる者と信じない者を、神の圏とサタン圏に分ける。エバによる人類の原罪を浄められた者が彼らの神の圏、そうでない者をサタン圏とする。そこでは血肉の関係も〝圏〟によって分類され、政治的には共産圏がサタン圏となる。「勝共統一」をスローガンに、彼らの政治結社がその名も勝共連合として反共運動をおこなうのはこのためである。また、用語として「万物復帰」「天宙復帰」などをよく使うが、これらは精神や物質の神圏への復帰、ひらたくいえば、彼らの信ずる神の圏への移転である。

森川さんは統一協会を脱退後、いく人かの脱退者と話合った。そのうちの一人によると、

「七五年二月にイエス様が結婚なされ、その式典に〝お父さま〟が参列された」といって、みなで喜び合ったという。外部の者には奇異というよりは異常としか考えられないこうした会話が交わされていたという。

森川さんがまだ会員だった昭和四九年五月にも、「文氏が世界の宗教を統一させるため、霊界の会議に出席してまず霊界を統一してきた、これから地上世界（現世）を統一するのだ」、という話があったという。彼女が最初に文氏に会ったのは昭和四八年一一月、渋谷・松濤町にある統一協会本部での日曜礼拝を兼ねた集会のときだった。そのとき、本部に飾ってある文氏の写真を見て、「あのギャングの一味みたいなのはだれ?」と聞いたら、「シッー声が高い」といわれた。当時、本部には三十代後半の文氏の写真が飾ってあって、柄のわるい印象をうけた。文氏のそのときの話は、ゼスチャーばかり大きく、発言が不明瞭でよく聞きとれなかったが、要するに、「お父さまのいったようにしなさい」といっていると理解した。

文氏とはその後、昭和四九年（一九七四年）二月、五月とつづけて会った。二月に

は「私はいま天宙復帰をやろうとしている、私にも寿命がある、君達は波紋を伝えてくれ」というような話の内容だった。当時、文氏はしばしば日本には立ち寄っていたようである。一九七四年には九月にニューヨークのマジソン・スクエア・ガーデンで開かれた統一協会主催のフェスティバルの前後にも一度来日している。このフェスティバルを開くに当っては、アメリカ在住の信者は一週間、その他の国では信者が二四時間絶食して、その成功を祈ったという。

統一協会では、絶食はしばしばおこなわれる。たとえば七四年一〇月には、「北朝鮮日本人妻自由往来」をスローガンに、日比谷公園で七百人が一週間の完全絶食をしたが、森川さんによると、なかには無期限絶食をやる男子信者が三人もいて、二一日目でドクター・ストップがかかった。絶食は神に願いをかけるとき、神から条件をとるためのものだそうだが、とにかく、七百人もの集団が絶食をおこなうそのときの異様さはなかった。そうでなくても彼らは粗食による栄養失調気味で、血圧も九〇ぐらいに下っている者が少なくない。初冬の雨の中の決行だったが、「参加者の名簿がお父さまのところへ行くのだ」といって頑張ったという。絶食といえば、統一協会系の医療奉仕会では、メスを持つ医師が手術中に貧血をおこしたり、居睡りをしたという話も元信者からでている。

いずれにしても、こういう世間的常識からはおよそ隔絶した次元の世界では、日常的な行動規範もまた常識では測りきれないものがある。その一例が、〝人参茶売り〟にもあらわれている。

人参茶販売の分担量はホームで各自が自主的に決めるような建前をとっているが、実際は半強制的な〝ノルマ〟にひとしくなるのが実態のようだ。七四年、狭山湖畔で統一協会の大会が開かれ、全国から七、八千人の会員が集まったとき、来日した文鮮明氏がこんな演説をしたという。

「『私はお金がないから、みなさんで人参茶を売りなさい。しかし、ただ売りなさいではなかなか売れないので、今日はひとりひとりに文書にして書いてもらいます』と。それで私たちは、五月から八月にかけての九〇日間で四百箱売るという〝誓約書〟を書かされましてね……」

人参茶の定価はメーカーによって違うが、彼らが扱っているのは百グラム入り一箱が三千八百円、二百グラム入りが七千円。森川さんが割当てられたのは二百グラム入りだった。しかし常識的に考えても、一箱七千円もののを三カ月で四百箱を消化するのはたいへんである。ついに彼女は悲鳴をあげて「五〇箱にしてほしい」と申し出た。すると、ホーム長から「では、もうひと晩お祈りして考えなさい」といわれた。

その結果、彼女は一五〇箱に落ちついたというが、〝ノルマ〟が決まったその日から「一日三個売れなかったら食事をとらない」という悲壮な決心をして売り歩いた。

しかし、よほどベテランのセールスマンならともかく、日用必需品でもないたんなる自然食品（人参茶は薬ではないと厚生省は指定している）が、そんなに簡単に売れるはずがない。年配の森川さんは知人を頼って、ともかく売りつくしたが、知己の少ない若い学生たちのなかには、結局、身近かな父母、親戚に大量の箱を持ちこむ者が少なくなかった。

涙ぐましい〝花売り〟体験

被害者父母の会のある父親は、一ダース入りの大箱を八万四千円で買わされた。ある家庭では十数万円の壺を数個買わされたうえ、親戚にも置いていったというので、あわてて母親が買い戻しに出かけたという例もある。

森川さんによると、人参茶のマージンは一箱七千円のを売って約千円だった。大量の人参茶はホームや教会にどこからか運ばれてくるので末端会員からみれば、「お茶（人参茶）は協会自体が売っているも同然で、幸世商事などは輸入手続上の存在」にしかみえなかった。〝花をお茶に持ちかえた〟といわれるようになって、統一協会員による街頭での〝花売り〟は珍しくなったが、この花売りも体験者（元信者）の話をきくと、まことにすさまじいものがある。

野中正信氏、現在『クリスチャン新聞』の記者だが、昭和四三年の一月から翌四四年の一月中旬までの丸一年間、統一協会に入って花売りや募金活動をおこなっていた。統一協会では、前述のように万物すべてサタン側と神側に区別し、神のもと、つまり彼らの陣営に入ることを〝復帰〟という。募金や花売りでもホームの班長から「今日は〇〇円復帰してこい」といわれると、みんな必死になって努力する。しかし花売りというのは、考えるだけでも大変な仕事である。売れないとなると何時間かかっても一本も売れない。「私など平均三十本は売っていましたが、売れないときは夜おそくまで粘った。寒い冬の夜などは、売れない心細さ、屈辱感で泣きたくなったものです」。

当時、花の原価は三十〜五十円、それを二百〜三百円で売って、儲けをホーム長に渡す。〝末端兵士〟の彼らの役割はそこまでで、その金がどこへどう納められたかは、まったく知らされなかった。

脱退者による〝花売り体験〟の涙ぐましい話は、このほかいくつもある。被害者父母の会の副会長・本間テル子さんの娘さんは入信三年めのとき（昭和五〇年）、ある脱退者からその内側の一端をききだした。それによると、四八年の歳末、十人の信者が秋田から鹿児島までキャラバン隊を組んで行脚したが、そのとき一束三百円の花を一人一日百本売るのが〝ノルマ〟だったようだ、という。一日百本といえば、たいへんなノルマである。しかし、それでも信者にとって花売りや募金は、自己の良心にかけ積極的な活動である以上、売れなければ売れないほど、それは自省と内向に転じる。

女子会員のなかには売れないと心がとがめて、夕飯もノドに通らない人もいた。すると監督者が身銭を切ってなにかを食べさせていたという。

「とにかくお互いに〝何本売った〟の競争心もでてくるし、売れない者はいたたまれなくもなるらしいんです」

昭和四七年ごろ、幸世商事を拠点にした〝フラワー（花売り）部隊〟は、早朝から出動し、深夜も酔客相手にバーなどで花売りしていた。女子はミッションスクールの制服のようなユニホームに、肩からショルダーバッグを吊した独特のスタイルをしていた。地方では戸別訪問販売をおこない、一人一日当りの平均ノルマ（正確にいえば半強制割当額）が二万円だったという元信者の証言もある。

信者たちが手をかえ品をかえておこなう〝募金活動〟にも問題がある。さきの野中氏によると、統一協会が募金活動を始めたのは昭和四四年六月から、当時は七〇年安保直前だったので「勝共カンパ」と称しておこなった。このときは署名とカンパがセットになっていて、署名すれば二百円頂戴するというのが相場だった。

つづいて「ゲバ学生反対」「勝共大会」「キューバ難民救済」と募金活動がつづくが、この〝署名カンパ方式〟が非難されはじめると〝募金箱方式〟にかえた。署名すれば金をとるというのは「ペテンだとやられたんですよ」。そして、募金箱で「東パキスタン難民救援」「ベトナム難民救援」「北方領土返還要求運動」「沖縄救ライ運動」「交通遺児に愛の手を」「歳末助け合い」と、その後久しく続けられたという。

これらの募金は、本来の目的に従って使われれば、それはそれなりに社会的意義がある。しかし、募金がいくら集まって、そのうちの何割を提出したかは、実際のところ当事者にしかわからない。この点でも統一協会に多く疑惑の眼が向けられて、公然とそれを指摘するむきもある。現に私がきいた範囲でも昭和四七年ごろ島根県松江市で警察の手入れがあるという情報がとび、ホームの責任者が署名カンパの証拠書類を焼き捨ててしまったという目撃者の話もあるほどである。

仮にAさんとしておこう。彼女がやったのは三本三百円（原価五十円以下）の花と「暴力学生反対」の署名カンパである。花売りでは、最初から五十本のノルマを課せられて軒並みの戸別訪問で売り歩いた。道の両側を二人一組で一軒一軒しらみつぶしに回って歩くのだ。

当時、彼女のいたホームには平均二十人、多いときで三十人程の会員が起居していた。花売りもカンパもノルマがあった。一日両方とも二万円だった。半強制的に「〇日間で〇〇万円復帰させなさい」と指示された。そのさい、たとえば花売りでは、買う人は買うことによっていささかでも免罪され、罪が軽くなる。したがって、たくさん、高く売って、その人の罪を軽くしてあげなさい、と教えられた。

カンパで教わったのは、第一に額はこちらから「一口〇〇円です」ということ。金額を明示すればつい向うもそれだけ出さざるを得ないというわけである。

第二に戸別訪問する場合、署名してもらうときは、必ず「〇〇さんも入れてくれました」ということ。田舎の人はとなりが入れたら、義理固く必ず入れるからである。金額は署名用紙に記入してもらっていたが、第三に「金額に凸凹があるときは、高い方に書き直すこと」。たとえば、五百円がズラリと並んでいるときは、三百円や二百円の分はそれを五百円に直すのである。すると、次の人も五百円出さざるを得ない。

この〝教え〟は守っていたという。

彼女達はよく中国地方で花売りやカンパ活動をおこなった。山口へ行ったら「山口大生です」広島へ行ったら「広大生です」といった。地元大学生を装うことで信用をえていた。花は輸送専用トラックがあった。大阪から運んで来ていた。何の花を使うかといえばよく長持ちする花、菊などを主に扱った。それでも彼女達が売る頃はもうかなりしおれたものが多かった。〝教え〟を受けても、こうした花売りやカンパ活動には、疑問が湧くことがあった。たとえば「青少年健全育成資金」のためと称して花を売ったとき、自分たちの組織の資金になる花売りがどうして青少年の健全育成につながるのか分らなかった。そこでホーム長に質問すると、彼（買う人）がお金を出すということは、より我々に近づいていることであり、従って我々にお金が入るということは彼の健全育成に役立っているのだという説明だった。

「とにかく大善を生かすのに小善は殺してもかまわない、という主義だった」と、いまにして彼女はいう。美濃部亮吉＝秦野章両候補の都知事選挙では、勝共連合の者が選挙前に美濃部中傷のビラをまいたのを彼女は知っている。それで、どうしてそんなことをするのか、と聞いたら、大善を生かすには小善にはかまっておれない。我々は地上天国を作らねばならない。そのためには政治権力、経済権力ともに取らねばならない。したがって、自民党と手を結ばざるを得ないときもあるのだという説明だった。

大都市はともかく、会員数の少ない地方都市になると、統一協会、原理研、勝共連合は同じ顔ぶれになる。だから、「統一協会でやる時は『暴力学生反対』は出すな」「花売りをやる時は勝共連合の名を出すな」と教えられた。花売りでは、花がさばけないと幹部が、夜、飲み屋街に行けば買ってくれるといい、女子学生など、「バーに行くんですか……」と不安そうに問い返していたのを、いまも生々しく憶えているという。

パンの耳をふかして食べて……

それにしても統一協会の資金活動をめぐって、投げかけられているこうしたかずかずの疑惑に対して、現場の第一線の若き兵士たちは何を考え、日ごろどのような生活をしているのだろうか。

荒井氏（前出）は統一協会の幹部を相手に、ある訴訟を起こしたことがある。そのとき相手側の信者が東京地裁に提出した準備書面に、彼らの生活を如実に物語る次のようなくだりが書かれていた。

「一、無給奉仕を実行し、一つの建物に寝起きし、責任者を中心に食事衣料は質素なものを公平平等に支給を受け、毎朝礼拝後朝六時から夜十時三十分まで奉仕する。仕事の内容は、もとは廃品回収、現在は花や朝鮮人参を売るなどしているが、そのとき次第で仕事は変り、定っていない。

酒、タバコは飲まない。

日曜に限り午前中礼拝後宗教上の講話、座談会を催す。午後は働く。
二、収入から衣食住など生活経費を支払った残りを協会に献金する。
三、二十歳前半の若い人が多い。男女間のことは特に厳格である」
これをひとくちにいえば最低生活に甘んじながら、労働によって得た報酬を献金するということであろう。かつてホームに居住したことのある人たちの話をきくと、家や下宿を飛びだした彼らは、ホームで下着から洋服まですべて出し合って共有し、食事も驚くほど粗食である。パンの耳をふかして食べ、鯨肉入りのカレーライスとなれば、夕食の豪華版だったという。一日二食も珍しくなく、あるホームでは、二三人の一日の副食費と調味料代を千円で賄っていたという。大根一本が七十円もしたころである。

いうなれば、彼らほどストイックな生活態度を堅持しているものはなく、それを原始共同体をつくることによって、相互の相乗作用により、さらに高めているのではないか。また、これは教えられた〝教祖の苦難の路程〟をみずからもなぞる意味もあるのではないかとも考えられる。だから、ある意味では、彼らはきわめて純粋な青年集団ではあるけれども、もしも教理の〝復帰〟に対する私の認識が誤りでなければ、彼らにはそれが無届けの募金活動であろうと、サギじみた花売りであろうと、ひとかけらの罪悪感も感じないはずである。

昭和五〇年暮れのことである。東京・有楽町の日劇前で、花束を手にした女子学生ふうの若い女性に、私は呼びとめられた。

「老人施設への募金にご協力ください、花を買ってください」

私は直感的に、およそ彼女が何者であるか、見当はついた。

「キミの募金活動の団体は？」

「教会です」

「それは何という教会で、どこにあるの？」

「そんなこと、答えなければいけませんか」

「では、聞くけど、募金活動をする以上、東京都の許可が必要なことを知っていますか？　許可は受けているの？　許可証の写しは？」

これに対して、彼女はのらりくらりと回答を避けようとしたが、許可は受けていなかった。しぶる彼女を問いつめていったら、教会は「渋谷にある成約教会」だといって、ごまかそうとしたが、統一協会員であることは認めた。

だが、モグリ（違法）の募金活動に対する罪の意識は、彼女の言葉や態度のはしばしからは、まったく感じられなかった。それどころか、これは信者である自分の自発的行為でおこなっているものだからと、むしろ協会をかばいだてし、組織的違法行為でないと主張した。私はうら若いこの信者の答えに、かえって組織的に用意された作為を感じたものだった。

同じようなことを、国電高田馬場駅構内でも経験した。「交通遺児募金」の募金箱を胸にぶらさげた学生ふうの男が、私に募金を呼びかけてきた。募金の主催団体名を聞くと、原理運動とはまったく関係なく、自分も信者ではないといいはった。しかし、彼がおこなっている募金活動の主催者の氏名と電話番号を聞いて、電話してみると、そこは原理運動のホーム（集団合宿所）だった。もちろんこのときも、彼らは都の募金許可を受けていなかった。このような統一協会員のモグリのカンパや物売りの実例は、私のほかにいく人もが体験し、同様に追及しているのをきいている。

昭和五二年三月七日、衆議院第一議員会館第四会議室で、原理運動被害者父母の会と国会議員との懇談会が開かれた。そのとき、統一協会を脱会した若者のひとりが、募金の体験を話した。それによると、彼は協会の上司から一枚の領収書のコピイを渡されて、そのコピイを持って戸別訪問し、一日数万円の募金を集めた。コピイの領収書はＮＨＫから発行されたもので、ＮＨＫを通じてどこかへ寄付したものだった。額面は一万円くらいだったといい、一枚の領収書が何百倍か何千倍に化けるのだといった。

モグリの街頭募金活動

昭和四九年の暮、東京都総務局行政部指導課の職員たちは、休暇を返上して師走の街にくりだした。

募金活動は、各都道府県の条例によって規制されている。東京都の場合、「金品物品等の寄付募集に関する条例」によって、募金を行なうには、所定の届出――認可を必要とする。行政部指導課はその所管の部署である。職員たちが休暇を返上してまで街に出たのは、無届のモグリ募金が、あまりにも目につきすぎたからだった。

ところが、この監視と指導活動で違法募金のいくつかが摘発されたものの、それらのうちどれが統一協会、原理運動にかかわるものであるのかまでは明らかにされなかった。個人のモグリカンパとその背後関係の証明は、よほどの証拠がないかぎり立証が困難である。それにいつどこに現われるかもしれないモグリ募金を摘発するには、職員の数があまりにも少なすぎた。しかし、原理運動＝統一協会を脱退した元信者たちによる、彼らのおこなっている募金活動のいい加減さは前述のとおりである。

街頭募金には受け渡しの証明がない。いくら集まったかは、当事者しかわからない。募金の種類や主催団体の性格によっては、所管が地方自治体の選挙管理委員会になる。

したがって、実態はまことにつかみにくい。それらの盲点をついて、インチキが横行しているというのだ。また、いくつかの募金活動については、新聞が公然と事実を挙げて疑惑を指摘したこともある。たとえば、昭和五〇年二月一二日付けの『東京新聞』はこう報じた。

「統一協会本部や地方の教会を支える金はどこからでるのか。まず信者たちの献金。本社に手記（七、八日付朝刊）を寄せたA子さんの証言にあるように〝万物復帰〟の名で、信者たちが働いて得た給料やボーナスを出し合う。源泉徴収の差額まで封を切らずに出す者もいるといい、トータル・コミットメント（全面的献身）の比重は非常に高い。（略）一方、盛り場や駅頭では『非行少年防止運動』『キューバ難民救済』『パキスタン被災民救援』などの名で、募金や花売り。本来、こうした募金は目的にそって使われねばならないが前記元会員のB氏は『非行防止の花売りや募金は、〝教義を広めることが非行防止につながる〟として約八〇％を協会運営に当てた』と証言し、さらにセールスについてニンジン茶は二十人の信者で一カ月に約二千万円を売り上げるといっている」。

昭和五〇年一月二五日、原理運動被害者父母の会は、こうした一連の募金の行方を追及し、統一協会と団体交渉して、使途（カンパ先）を同月三〇日までに提示するよう、統一協会側から確約書までとりつけた。しかし、期日のその日に至って、統一協会は被害者父母の会との面会を拒絶、以後の交渉も拒否すると通告した。原理運動被害者父母の会は、統一協会を「ウソつき協会」という。宗教団体に対するいい方としては、おだやかならざる表現である。しかし、そういわれてもやむをえない側面をひめているのである。

統一協会会員の平均的年齢は二〇歳前半といわれている。会員数も公称は二十数万人だが、消息通によると昭和五〇年のはじめごろ、「今年の八月一五日まで五万人にせよという大号令がかかった」というから、実勢は当時にして一万人から二万人の間とみるのが妥当であろう。

しかし、実数がいくらであろうと、この純粋な若者集団が狂気のように集めた莫大な献金が、疑惑のなかにつつまれているとしたら、この点だけでも重大な社会問題といわなければならない。しかも、これまでここにあげた統一協会に対する一連の疑惑は、いわば氷山の一角にすぎないのである。

3　錯乱者が続出するメカニズム

青年の奇怪な死に方

春になって平地の雪は溶けたが、東北の山々にはまだ残雪が白く光っていた。秋田県山本郡八森町、日本海に面して青森県との県境に近いこの町の海岸は、黒砂の浜辺がのびていて、山の残雪の白さと美しい対比をえがいていた。その浜辺に若い男の死体が打ち上げられた。昭和五〇年三月二二日、早朝のことである。

発見したのは朝の散歩を楽しんでいた営林署の署員だった。すぐさま警察に通報され、身許が確認された。八森町から三〇キロほど離れた秋田県能代市のS君、二二歳、上智大学英文科の学生で、前月二月一日の深夜、突然自宅から失踪したまま行方不明となり、家族から捜索願が出されていた。

検屍の結果、医師は「溺死」と判定したが、S君の死には、あまりにも〝不明〟の部分が多すぎた。まず彼の足跡を追ってみると、〝不明の第一歩〟は、暮れもおしつまった昭和四九年一二月二七日、東京の戸塚警察署にS君が保護されているという通報を、家族が受け取ったときからはじまった。

S君が上智大学に入学したのは昭和四六年である。秋田の高校を優秀な成績で卒業した彼は家族から将来を期待されていた。性格はおだやかで素直、警察に保護されるような日ごろのおこないは何もなかった。驚いた父のK氏は、横浜の親戚に引取りを依頼するとともに、急いでS君の兄と弟を上京させた。おりしもK氏は病気中で身動きできなかった。戸塚署の話によると、S君はその日、早稲田大学のそばの都電の終点あたりを、ふらふらと夢遊病者のように歩いていた。パトロール中の警官が「どこへ行くの？」と質問したら、「姉さんのところへ行く」という。「所番地は？」ときくと、ただ「いいところにいるんだ」というだけで、さっぱり要領をえない。ではキミはどこからきたのかとたずねると「天国からきた」という。明らかに精神に異常をきたしていると判断した警官は、彼を保護するために、とりあえず交番へ連れていった。ところが隙をみて、脱兎のごとく逃げ出した。それをようやく取り押さえて、所轄署へ連行したというのが保護のいきさつだった。

ところが戸塚署では、べつに反抗するわけではなく、きわめて素直であったという。ただ何をきいても無表情で、たまたま秋田出身だった係官が同郷のよしみで親切に故郷の話などを持ちだしても、これといった反応も示さなかったが、持っていた学生証から、すぐ上智大生とわかった。しかし本人の口から秋田県の実家の住所をきくのに一時間半もかかった。さらにじっくりと根気よく口をひらかせる。群馬県の前橋の方で、ある宗教団体の勉強をしていたが、自分ひとりでそこから出てきたのだという。S君の姉は嫁いでいて能代市に住んでいる。その姉をたずねてゆくというS君が、なぜ前橋から早稲田大学周辺に現われて、さまよっていたのか、異常なS君からそこまできだすのは不可能だった。

横浜の親戚の家に引取られてからもS君はおとなしかったが、態度は尋常ではなかった。放心しているようで、落ちつきがなく、しかもここでも隙をみて、パッと逃げ出そうとした。また真冬というのに神に祈るといってはフロ場で冷水を浴びたりした。そういうとき、目は三角に吊り上っていた。瞬時も目を放せない状態だった。翌日、兄弟は特急列車で能代へむかった。ところが、列車が仙台に停車したほんのつかのま、S君はするりと姿を消した。あわてた二人は次の停車駅・盛岡から鉄道公安室を通じて、S君の緊急手配を依頼した。すると、その日のうちに仙台の警察署から保護しているると連絡があった。

とって返した二人がS君に、なぜ逃げたのかときくと、S君は「頭上に矢印がでて、ここで降りろ、市内にゆけという神の声がきこえたからだ」といった。切符も現金の一銭も持っていない彼は、改札をどうくぐりぬけたのか、駅から市内に出た。市内では「ジョイフル・サタン」という建物があって、神がそこにある金を持って行けと命じたので、適当な金額を頂戴して、頭上の矢印の指し示す方向に従って映画館に入った。映画館では再び「お前は行動せよ」という神の声がしたので、命じられるままに前の席に坐っていた女性の手を握ったが、それがアベックだったので大騒ぎとなり、S君は警察に保護されたのだった。

もとより「ジョイフル・サタン」などという建物が仙台にあるわけでなく、すべては幻覚と幻聴によるものだった。しかも、アベックに対してもS君にすればヘンな意味ではなく、神の啓示にしたがって人類を愛するというほどの意味をこめて手を握ったのかもしれない。だが行方を案じていた家族にとっては、彼がこともあろうにアベックの手を握って大騒ぎになってくれたことは不幸中の幸いであった。

家族は協議した結果、そのままS君を仙台の精神病院に入院させた。一二月二九日のことだった。年が明けて一月六日、父は病軀《びょうく》を押して母とともに仙台の病院にいる息子に会いに行った。院長は退院はまだ早いといったが、S君が自分を置いて帰るのなら死ぬと訴えるので、ふびんに思って秋田の病院へ移すことにした。

なぜ〝狂った〟のか……

S君がなぜ前橋に行き、どうして狂うようになったかが家族にわかったのは、能代の実家から秋田の病院へ通院するようになってからである。

両親や姉の質問に対して、S君は素直に答えた。それによると、S君は世界基督教統一神霊協会の成子教会（東京・新宿区）というところに出入りしていたが、前年、一二月の二三日、群馬県前橋市にある大島修練所で開かれた修練会に参加した。その修練会の途中、「みんなの勉強の邪魔になるから出てゆけ」といわれたという。そして一二月二七日の朝、前橋を発って東京にむかったが、列車にはタダで乗ってきたという。

では、なぜ「勉強の邪魔になる」といわれたのか。その点になるとS君の説明は常人には理解しがたいものになって、だれかから「お前は再臨主だ」といわれたとか、「人の手をさわると離れなくなる」とか支離滅裂な説明となった。しかしそこから家族たちは、これは修練会の途中、なにか原因があって精神に異常をきたしたものと考えた。というのも、第一にS君は成子教会から前橋へ行くのに、前橋からバイクでだれかが迎えにきて、それに乗って行ったという。第二に、もしも修練会に参加する以前に頭脳が狂っていたとすれば、そのような者を教会が参加させるはずはないからだ。とするとやはり修練会の最中に変調をきたして、その結果、無惨にも狂ったS君はひとりで修練所を追い出されてしまったのでは——と家族は推論せざるをえないのである。

家でのS君は、よくひとりごとをブツブツいっていた。落ちつかず、苦しいといっては部屋中をぐるぐる歩きまわった。そうかと思うと、かつてバスケットの選手をしていたほど立派な体格に恵まれているのに、手足の脱力感に襲われるのか、力がなくなったといってはテレビばかりみていた。声はカゼをひいたときのようにかすれ、太陽を必死に拝んだりもするようになった。それでも常人と変わらないようなときもあった。家出の二日前に彼は姉の家で雪かきを手伝ったりもした。

S君が失踪したのは二月一日、約二〇センチも雪が積もった日だった。空には満月にちかい月が煌々《こうこう》と照っていた。両親は用心して毎日隣室に寝ていたが、午前零時すぎにトイレに立ったものと思った。が、あまり長い時間戻ってこないので、もしやと思って戸外に出てみると、雪明りの細い道路に足跡が点々とのびていた。びっくりして、すぐその足跡を車でしばらく追跡したが、足跡は数キロ先の駅の方へつづいている。そこでこのままやみくもに捜すよりは警察に捜索を依頼した方がよいと判断して、引き返して電話で捜索を依頼した。しかし、音信はそれからプツリと途絶えたままだった。

父は自分でも付近の山中から神社仏閣をくまなく探し歩き、S君の写真入りのチラシを作って町角で千数百枚も配った。秋田、仙台、東京などの統一協会傘下の教会にも電話でたずね、その間には上京して警視庁を訪れて相談もした。統一協会本部にも行って、息子の消息をたずね、教会関係の調査を依頼した。息子が統一協会に入信して、家出したのを引き戻したことのある能代市内の、ある父親は、前橋の大島修練所に電話してS君の消息や修練所での模様をきいてみたが、留守番の者がでて、もはや名簿がないのでわからないといった。

ついで東京の成子教会にも電話したが、ここでは電話にでた男が、「私は去年の一〇月からここにいるが、Sなどという人物がいた形跡はありません」という。そんなバカなことがあるものかと、日を改めて夫人が電話すると、こんどはS君がよく口にしていた鈴木という青年が電話にでて「S君とは一カ月間いっしょに生活していたが、一二月以降は会っていない」という返事だった。

協会本部にもしばしば電話をした。一昨年能代には協会本部から婦人部長がきて、父母たちと話合い、困ったことがあれば何でも相談に応じるという約束をしたのを、その父親は憶えていた。そこで婦人部長を呼び出してもらおうとしたが、連絡がとれないといい、かわって一度だけ中年の婦人が電話にでて、「探してみましょう」といったが、それも「教会にはいませんでした」という素っ気ない回答でどれくらい手をつくしてくれたのかと不安になるような返事だった。

成子教会の矛盾した答えや、明らかに精神異常をきたした者をひとりで放り出したとしか思えない修練所の在り方に対して、父親のK氏や捜索に協力した父母たちは協会の無責任さに憤激した。ある教職についている父親は、ついにテレビに訴えて統一協会の非道を全国的に報道してもらい、同時にS君の消息の手がかりをつかもうと決意した。そのためキイ局である東京のあるテレビ局のディレクターと話合いをすすめ、いよいよ打合わせに出発しようとしたまさにその日の朝、S君の消息は八森町の海岸で最悪の事態として浮かび上ったのだった。

残された日記の奇々怪々

S君の遺体には外傷はまったくなかった。着衣もほとんどそのままで、履いていたゴム靴も足にきちんとついていた。わずかに顔と腹部がむくんでいるていどで、損傷のない、きれいな遺体だった。遺体の状況からみて死後約一週間と推定された。

S君が深夜に失踪してから遺体として発見されるまで約五〇日間経過している。この間、まったく消息がなかったが、所轄の能代署は失踪三日後の足どりはつかんだ。S君が市内の薬局に立ち寄って睡眠薬を買おうとしたことをききこんだのだ。しかしその後は草の根を分けるような捜査にもかかわらず消息はつかめなかった。とすると、薬局に立ち寄ってからの四十数日間、S君はどこにどう潜伏していたのか。

S君の自殺についての〝不明〟は、この足どりを第一の疑問とするなら、第二は、なぜ突然家出したのか。第三は再びもとに戻るが、なぜ彼が発狂したのかという点である。これは家族には依然として解けないしこりとして残された。ただ、第一の疑問については、それを解く可能性としての推論は一つあった。それは失踪後まもなくS君は死んだが、東北の雪と寒気が彼を凍結し、春の雪溶けとともに能代市を貫く米代川に押し流され、そこから海へ漂流したのではないかという考え方である。これについてはS君の遺体が解剖に付されていないので何ともいえないが、ありえないことではないと能代署の担当官もみている。しかし仮にそうだとしても、ではS君はどこで、いつ息をひきとったのかとなると、全く空をつかむようなことになってしまうのである。

第二、第三の点については、さらにナゾに満ちている。迂闊なことに家族はS君が一昨年あたりからよく口にしはじめた教会というのは、ふつうのキリスト教の教会のことだと思っていた。それが集団結婚や原理運動で話題になっている世界基督教統一神霊協会のことであると知ったのは、S君が失踪して、あちこちをたずねてからである。S君は下宿に日記を残していた。大学ノートに何冊も細かい字で、びっしりと几帳面に書きこまれているが、そこには神、愛、感謝などという抽象的な言葉の羅列ばかりで、こういう一節もあった。

「霊感――それは驚きであり、震えである」

「私はまず何よりも聖書と原理講論を一生懸命読まなくちゃ。それは最高の真理なんだから。……そしてそれこそが神様に近づく最高の道なんだから。あらゆる悪から遠ざかりたい」

しかもその日記も昭和四九年一二月一一日をもって、ぷつんと途切れている。ただ、日記には記されていないが、S君の失踪後、父が彼の東京の下宿をたずねてはじめてわかったことがある。几帳面でマジメだった彼が、どういうわけか下宿代を二、三カ月も滞納し、大事にしていた英文タイプライターを質屋に入れていた。ここから家族は、おそらく下宿代の滞納は協会への献金に使ったのではないかと推測し、S君は布教と学業との相克、金銭の使い方で家族にウソをつかなければならない悩みなど、それらの葛藤が生じていて、修練会へも自分からすすんで参加したのではないかと考えた。

しかし、それらもまたあくまでも推測であって、いまとなってはS君がよほど心を許して、悩みを打ち明けたかもしれない友人を探し出して、きくよりほかに手がかりはないが、そのような友人がいたかどうかもわからない。私はこの事件直後の昭和五

○年四月、統一協会本部の広報委員長に会って事件の内容をただしたが、彼はS君の死すら初耳だといい、成子教会についても都内に教会は七〇～八〇あって、そのような教会があるかどうかも名簿を調べないとわからないというありさまだった。ただしその後の調査で成子教会の存在は確認され、またS君が修練会中に錯乱状態に陥ったことは事実だが、S君が修練所を出たのは追い出したのではなく、本人がいつのまにか失踪したのだという回答であった（その後また、S君は修練所にきたときからおかしな徴候があり、夜間錯乱したが、翌朝おさまったのでひとりで帰したのだ、という訂正の連絡があった）。

しかしそうだとしても、修練所側は錯乱状態のS君を保護するため、どれほどの手を打ったというのだろうか。いまかりに協会側のいう通りだったとしても、すくなくとも警官に発見されたときのS君は、完全に精神に異常をきたしていて、その後も狂ったままだったのである。教会側の説明はいかにも不自然だが、しかし、その問題はここでは措こう。なぜならS君が追い出されたのか、自分から出ていったのか、もはやS君亡きいまとしてはただしようがない。死人に口なしである。いずれにしても、S君はなぜ死を急いだのか、その真相はもはや容易に解明できるものではないのだからだ。

福島駅での行き倒れ

だがこうした不幸な例はS君ばかりではない。突然精神状態がおかしくなり、一種の錯乱状態に陥ったケースは他にもある。

同じ昭和五〇年二月一八日、青森県のT氏は長男のH君（中央大学四年生で卒業直前）が、福島駅で行き倒れになっているという通報を警察から受けて、飛び上らんばかりに驚いた。そのほんの数日ほどまえ、T氏はH君の様子をみるため上京し、おりから開かれていた統一協会の「希望の日フェスティバル」も参観し、H君の健康なことを確かめていたのだ。また、H君といっしょに東京のアパートで暮らしている弟（大学生）の話によると、H君はかなり熱心に原理運動に従事しているといい、アパートをとび出して、統一協会のホームに移ったというのだ。

T氏が「希望の日フェスティバル」にまで出かけてみたのは、H君が昭和四九年五月ごろ統一協会に入信したらしく、今年の冬休みには正月の二、三日間家に帰ってきただけで、しかも大理石の壺と人参茶をかかえ、それを買って欲しいとねだったことがあるからだ。

そのときT氏はH君と激論した。壺も人参茶もいらない、それを売るようなことで人間が幸せになるとするのなら、それは邪教だとまでいった。それに対して平素はおとなしいH君が一歩も退かず反撃した。結局、親の情として人参茶を二万数千円ぶん買ったが、六万数千円の壺は持って帰らせた。それがどうして突然、福島駅などで……、T氏には心当りが全くなかった。

ところが、福島の警察署で対面したH君は、父を見ても虚《うつ》ろな眼をして、以前の様子と一変していた。それでもいろいろと話をききだしてゆくと、H君はある日突然気分がおかしくなり、ホームから無断で五千円持ち出すと、上野から秋田ゆきの特急に乗った。列車が福島駅ちかくに近づいたとき霊感に襲われて、体が雲の上に昇ってゆき、バタンと落ちたような感じになって倒れたというのである。車内の騒ぎで駈けつけた車掌は、彼がなにか薬をのんだのではないかと思い、鉄道公安室を通じてすぐ救急車で市内の病院へ運んだ。が、病院で検査してみると、別に薬をのんでいる気配はない。そこで警察に身柄を渡されて、警察で保護していたのだった。

H君を自宅につれ戻したT氏は、H君を精神病院へ連れて行き、しばらく入院させた。その後、退院して、H君は大学の卒業式に両親と参列するほど回復した。しかし、数カ月後もいまだに幻覚、幻聴があるようなので、T氏はH君を自宅で静養させているといった。

それにしても、どうしてH君もまたこのように突然、精神に異常をきたし、錯乱状態になったのかという点については、どうにもはっきりしない。医師は、〝分裂症の軽い発作〟とT氏にいったそうだが、それまで平常どおりだった者が、どうして突然分裂症になって発作をおこすのか、素人にはいっこうに理解がいかないのである。

入信者が錯乱するメカニズム

私は統一協会に関するレポートを月刊『現代』誌昭和五〇年四、五、六月号に連載した。この第1、2、3節はそのレポートを主にしているが、連載直後から読者の方々からいろいろな情報をいただいた。なかには電話で綿々と訴えられる父母もおられた。そうしたなかで能代市のS君の自殺をはじめ精神病院への入退院者が意外に多いことを知らされたのだ。そして確認、未確認をふくめて、当時私のところに集まっていた情報だけでも北海道、東北、関東、中国の各地方にかなりの数にのぼった。

それにしても、わずか私のところに集まった情報だけでこんなにもある以上、実際はその何倍か何十倍か——潜在する件数はおよそ見当もつかないほどあるのではないか。父母のなかには社会的体面を考えて、ひそかに治療している人もあるはずだし、治癒してもう過去のことだから、とそのことにふれたがらない人がいるはずである。

その後、原理運動被害者父母の会が、こうした悲惨な実態を調査したところ、恐るべき状態が判明した。たとえば同父母の会が日本弁護士連合会人権擁護委員会の実態調査の参考資料として提出した調査統計によると(調査回答数は全国一一九名)、行方不明は三二人=全体の二六・九%、死亡三人=二・五%、異常心理をきたしている者四九名=四一・二%、家出にいたっては九〇名=七五・六%に達している。

これを大ざっぱにいえば、全体の八割が家出し、三割が行方不明、そして自殺や事故死が二・五%という異常さである。死亡者の数は、この調査では一一九名中三人となっているが、これは調査書(アンケート)に回答した分だけで、被害者父母の会が把握している数はさらに上回るという。把握していない、かくれた数を入れると、実数はどれくらいになるものやらである。

もっとも、この数字は親が判定した「異常心理」であり、「行方不明」も調査時点のものである。その点を考慮して見なければならないが、それにしても、被害者とその家庭がいかに破壊されているかが、容易にわかるであろう。

教義の激しい新興宗教の場合、統一協会にかぎらず精神錯乱者を出すことが往々にしてある。新興宗教でなくても、未開の原始宗教であるブーズー教などでも一時的に異常な興奮や失神に陥るとされている。しかし、それにしても統一協会の精神錯乱者の数は異常すぎる。しかも長期にわたる入院加療者や、自殺者が少なくない。

かつて私は精神病理学のなかでも宗教病理学の研究で知られる小田晋氏に、なぜ統一協会で精神錯乱者がこうもでるのかをきいてみた。その病理的メカニズムの説明はあとにまわすが、小田氏によると、たとえば創価学会が激しい折伏《しゃくぶく》活動をおこなっていたころ、錯乱状態に陥った病例がいくつもあった。しかし、それらは入院後ごく短期間で元にもどり、信仰を失っている。それに対して統一協会による錯乱状態が長期間にわたっているということは、教義そのものをよほど強烈に叩きこんだのだろう、これは大きな特徴といえるということだった。

統一教＝原理運動の教義の叩きこみ方の特徴は、いうまでもなく修練会のそれである。この修練会の模様については、すでに多くの紹介がおこなわれ、すぐれた潜入ルポもある。なかでも昭和五〇年二月八、九日の両日にわたって『東京新聞』に連載された元女性信者（二五歳）の手記は、異様な迫力をもって迫ってくるものがある。

それによると、最初ホームに出入りしはじめるころは、みなニコニコと話しかけてき、先輩たちは何でもきいてくれる。悩みごとを一つでも出せば、みんなで悩み、必死になって解決の糸口を探そうとする。なんという〝善人志向〟の世界、家庭や冷たい社会にこんなぬくもりがあったろうか、と手記のA子さんはのめりこんでゆく。そして、下宿をひき払ってホームへ。その後、二週間の特別修練会に参加する。修練会は、しめくくりの二四時間祈禱を除けば、朝六時から夜一二時までびっしり、がっくりして床につく前には反省文の評価も受ける。講義に質問は許されず、人間の血の中にサタンの血が流れて人間は原罪を負っているという、原理講論の「堕落論」を説かれたときは、体に衝撃波が走り、講師の声が天の声となって降りそそいだ。ところがA子さんには異常は起こらなかったが、彼女が誘った友人が修練会にでたとき、一大事件がおきた。

「かつての受講者がそうであったように、彼女も深夜の講義をきくうちに、大声をはりあげ、ついに錯乱状態に陥った。彼女は耐えられず、真冬の凍るような厚木の修練所をハダシのまま逃げ出した。それを車で追う先輩たち（略）、普通なら精神科医の門をたたくところだが、この世界は違う。色をなした伝道師たちは叫びながら彼女を取り巻いて〝悪魔〟（サタン）の追い出しにかかる。『いま、神とサタンが格闘している、まもなくサタンは神の前に屈伏するだろう、勝つのは近い、祈りなさい』」

たしかに祈禱性の一時的錯乱状態なら、べつに神に祈らなくても、放っておいても治る。医師にかかることもないだろう。しかし治らない場合があちこちにあるのだ。このA子さんの友人の場合は、妊娠中だったというハンディもあるが、私がきいた元信者の話では、ごく普通の健康体の女子や男子でも、これと同じような錯乱状態に陥って、失神状態になったのを目撃したことがあるという。しかもA子さんは、その手記でこうつづける。

「私はこのときの処置をめぐって、大きな疑問にぶつかる。修練所から彼女が逃げだしたあと、ある班長（講師助手）は『私にはどうしていいかわからない』と講師にきき、その講師も教育課長にきく――という具合で、ここには主体性が全くないことを見てとったからだ。一体、責任の所在はどこにあるのか――疑いは深かった」

それでもこの錯乱者は、ぶじ親もとへ帰って、その後、自責の念に苦しむA子さんのもとへ元気な便りをよこして、彼女をホッとさせている。しかし、さきのS君は結果的には親もとに辿りつくが、それも警察官の偶然の尋問による保護があったからで、それがなかったらどうなっていたか……あるいは彼は親もとに辿りつくまえに、もっと死を早めていたかもしれないのである。

宗教という名の洗脳

修練会に実際に参加したことのある、あるジャーナリストによると、統一協会の〝叩き込み〟方は、人間は罪のかたまりであると、逃げ場がなくなるほどメタメタにしておく。そのうえでキミはいったいどうするんだと問い詰め、救いの手はあるんだよ、と説得するという。その救いとは、再臨のメシアに清められた神の子にならねばならない、そして神の子同士が結婚して、神の子を産み、理想の社会をつくる——いってみれば追いつめられた者をすがりつかせる方法である。

また、この原罪を認めさせるのに、講義者が熱弁をふるい、深夜祈禱もさせるという、社会的経験ではトウのたっている彼には「あんなもの、洗脳なんてもんじゃない」と感じられたが、洗脳的ふん囲気としては満点であったという。しかしこの方法は宗教とはいうものの洗脳そのものではないか。社会的経験の豊かな、しかも批判精神旺盛なジャーナリストならともかく、統一協会に集まる若者にはウブといえるほど純真な者がおおい。しかも純真なものほど、この混濁した社会に疑問と不安を抱いているものである。

統一協会員には、一つのタイプがあって、マジメで苦労知らずの若者が多く、自分で社会の荒波を渡ってきた生活経験豊かな会員はきわめてすくないといわれる。つまり、純真な世間知らずの若者には、修練会は洗脳そのものといえる。洗脳の研究が欧米、とくにアメリカで盛んになったのは朝鮮戦争以後のことだが、洗脳の理論の基礎になっているのは、パブロフの条件反射理論である。条件反射とは、ひとくちにいえば犬に一定、不定の刺激を与え、それによって蓄積されたストレスによって、犬がどう反応、変化するかを調べた理論である。

洗脳とは、いわば人為的人間改造であって、それについて小田氏（前出）はこう述べている。

「洗脳においては、身体的苦痛、精神的不安恐怖などの強い圧迫を加え、その状況から逃れたいという強い生命的な欲求を持たせ、尋問、教育、宣伝、説得などを通して罪の感情を生じさせ、そしてそれまで持っていた信念価値体系などを罪悪として、強い情動と共に捨てさせ、罪のつぐないとして新らしい思想をもった人間として生まれ変わることを要求するのであると（大熊輝雄氏）は述べています。結局、この角度からみた洗脳の方法は、別に政治的なものに限らず、もちろんあるイデオロギーや体制に特有のものでなく、宗教、司法、教育などのすべての畑で応用できますし、また今まで無意識に応用されてきた技法であることがわかります」（詫摩武俊・星野命編『性格は変えられるか』有斐閣）

つまり、これは精神的に人間を追いつめておいて、こうすれば救われるというアメとムチの方式である。これを宗教家が他宗派の信者や未信者を導き〝回心〟させる技術として精神生理学的に分析したのが世界的に有名な精神病理学者ウィリアム・サーガントである。

彼の著『人間改造の生理』（みすず書房＝佐藤俊男訳）によると、人間は故意か偶然かによって恐怖、怒り、興奮などを導き出されて大脳機能がかき乱されると、一時的に判断力がなくなり、暗示をうけやすくなる。それが限界点に達したとき、急激な挫折崩壊がおこり、古い観念や思考形式が制止されて、与えられた新しい確信や観念を自分のものとして受け入れることになるという。これはいわば一種の宗教的洗脳だが、統一協会の修練会の模様そのままといえはしないか。

しかも、修練会における講師の熱弁や「原理」におけるサタン圏と神の圏といった明快な色分けは、文明批評家A・ハックスレーのいう〝独裁下の煽動的な宣伝家像〟と一致する。彼は煽動的な宣伝家とは一貫して教義的でなければならないとし、その話は自由奔放、「かれの世界画には灰色の個所は一箇もない。すべてのものが悪魔のようにくろぐろとしている（完全な悪）か、さもなければこうごうしいほどの白さ（完全なる善）である」（『文明の危機』雄渾社＝谷崎隆昭訳）としている。修練会はこうした理論や分析を、徹底的に応用しているのではないかと考えられる。

夜間の祈禱や、統一協会でなにかといえばおこなわれる絶食行も、洗脳や回心にはもちろん、迷いや、より信仰をふかめるためには有効な方法であろう。精神病理学者や心理学者の説明をまつまでもなく、かつてヒットラーが人間の意志の力は昼間には押しつけようとするものに精一杯反発するが、夜間には昼間よりもかんたんに参ってしまうと喝破しているのである。

私の手もとには、統一協会のあるホームで集団的につけられたと思われる「日記帳」があるが、それには随所に〝マナ復帰〟（元信者によると、これは人参茶売りのことだという）という文字とともに、ところどころに〝断食〟の記録がみえる。断食は肉体の疲労をともなったより有効な洗脳、回心の方法であるはずだ。なおおもしろいことに、この記録を丹念に読むと、ホーム長が「マナを出さなければ破産する」（会社が）とハッパをかけたりしている。彼らがいかに行商に精力をそそいでいたかがわかる。

死者・廃人の責任問題

洗脳、回心の場合、決め手になるのは、過去の自分をいちど潰してしまうことである。〝挫折崩壊〟がそれだが、錯乱がおきるのはこのときである。小田氏の臨床例によると、錯乱によって過去の記憶を一時的に失ってしまった例もあるという。パブロフの犬による条件反射の実験では、つよい興奮性を有する犬の方が、陽気な犬の気質よりもずっと早く参りやすく、弱い内攻性の犬のほうが、おちついている犬よりもずっと早く限界点に達すると報告されている。これは人間にも当てはまることではないかと思う。小田氏は新興宗教による回心の場合、精神分裂症、否定型精神病の病態がそれによって〝誘発〟され、あるいは精神病に似た心因反応がひきおこされるのを観察したことがあるという（前掲書）。

つまり、S君もH君も、統一協会の強烈な教義の〝叩き込み〟のかかわりあいのなかで、精神に異常をきたしたことは明らかといえるのだ。S君のナゾの深夜の失踪にしても、小田氏はおそらく躁鬱の鬱のときに、発作的に家出したのではないかと推論されたが、これについてはH君の父から相談を受けた当時の警視庁防犯部のK警部（その後定年退職）も直感的にそう思ったそうである。ところが、統一協会にいわせると、強烈な宗教であるだけに、「大勢のなかにはそのようないわゆる落ちこぼれがでてくるのはいかんともしがたい、また、死んでも霊の世界では浮かばれる」のだという。

しかし、これは一般世間とは価値観のちがう統一協会での論理であって、一般社会では通用しない。第一、人間の集団である統一協会が、人権侵犯のおそれのある方法で他人の頭脳を〝改造〟するのは余りにおこがましい。ましてや生命の危険や困難な精神病にまで追い込むとは、どんな理屈でも通るまい。人命尊重はデモクラシーの最低限のモラルであって、かりそめにも生命、身体に危険が生じそうなものには万全の注意と措置を講じなければならないはずである。

昭和五〇年四月二七日、原理運動被害者父母の会は、はじめての全国大会を開いた。この大会で廃人化した子弟や自殺者の問題が討議され、父母たちは、社会問題としてこれを訴えた。五一年、日弁連人権擁護委がこれをとりあげて調査に着手、さらに五二年二月七日、衆議院予算委員会で社会党石橋政嗣書記長が政府を追及、福田赳夫首相が「調査する」と回答、事態はようやく政治レベルにのぼった。

4　統一協会・勝共連合の素顔

「全員無罪」のその判決が下ったのは昭和五二年一月二一日である。以後、検察控訴はおこなわれず、判決は確定した。しかし、この事件は依然として、多くの疑惑を残し、またこの裁判ほど興味ある多くの事実を深層から表層へと浮かびあがらせたものはなかった。

事件の概要はさきに述べたとおりだが、主要な点だけもう一度反復、加筆してみる。発端は昭和四七年一一月、兵庫県警が二人の男を逮捕したことに始まる。ひとりは幸世商事元取締役・F氏、いまひとりは統一産業会長・I氏、いずれも世界基督教統一神霊協会ならびに国際勝共連合の幹部であった（当時）。

――昭和四六年八月二七日から翌四七年五月二七日にかけて、計九回、額面一〇〇万円の市中銀行振り出しの自己宛小切手二三〇枚（総額二億三〇〇〇万円）が、羽田空港と下関港経由で韓国へ不正に持ち出された容疑があった。これは兵庫県警が別の密輸事件を内偵中、ソウルの〝地下銀行〟で入手したという小切手が支払いに使われていることから発覚したものだった。外為法違反に当たるいわゆるこの〝小切手不正輸出事件〟は、さきのI、Fのほか、幸世商事元代表取締役M、統一協会の国際巡回師・曺又億萬（日本名・大山高誉＝韓国人、海外逃亡とみて四九年末まで指名手配）の各氏らが共謀しておこなったものとして起訴されていたものだった。

では、なぜ統一協会が二億三〇〇〇万円もの小切手を韓国に密輸しようとしたのか。検察側は「統一協会が韓国の同教会や関連（傘下）企業の活動、運営資金として使うためであった」とみていた（ちなみに求刑はI被告懲役二年・罰金一〇〇〇万円、F被告同一年・四〇〇〇万円、M被告同一年・六〇〇〇万円）。

対するに被告側は、問題の小切手はすべて日本国内で現金化し、韓国に持ち出した事実は全くないとして、事件を捜査当局によるフレームアップと主張していた。

協会と勝共連合は表裏一体

裁判は約四年一〇カ月かかった。結論は「無罪」であった。しかし、判決は必ずしも被告の疑いをクリーンアップするものではなかった。

判決をひとことでいえば、問題の小切手を日本国内で換金したということの真実性に乏しく、「相当の嫌疑が存するが、小切手を持ち出したことを裏づける十分な証拠がなく」有罪とするに足る証明が不足しているというものだった。事実、この事件の経緯を調べてみると、マカ不思議な人物や事実経過が錯綜している。

たとえば、I氏。彼は昭和四六年八月二一日、三井銀行渋谷支店から統一協会を借り主にして六〇〇〇万円の借り入れをおこなっていた。名目は夏季開拓伝道資金である。ところが、二三日、この借入金の利息差引額五九四七万七六七三円を資金に、統一産業名義で、同じ三井銀行渋谷支店から各一〇〇万円の自己宛小切手五九枚の振り出しをうけていた。

自己宛小切手とは、振出人が発行銀行であることから、小切手のなかでは最も信用度が高く、国内の銀行に持ちこめばどこでもすぐ現金化できるメリットがある。だが携帯しやすく、通関の目をくらますのにも便利で、円や外貨の持ち出し制限があった当時、このうちの三〇枚が第一回の持ち出し分（八月二七日）として起訴されたものだった。持ち出したか、持ち出さなかったかの事実関係については、前記のような判決が確定している以上、いまさら検討してみるのはあまり意味がないが、裁判官の認定によると三〇枚のうち二枚はかつて韓国に存在したことがあり、他についても「多少なりともかつて韓国に存在したことがあるとの疑いを持ちうる」ということになっている。

I氏は当時、統一協会の渉外部長で財務全般の統括責任者の立場にあった。また、勝共連合では特定の役職はなかったが、実際活動面の渉外、財務の責任者であった（勝共連合が政治資金規正法の届け出団体となったのは昭和四七年三月一六日だが、それ以前から事実上の政治団体として存在していた）。さらに街頭で花を売る〝フラワー部隊〟や人参茶などを訪問販売する〝熱狂グループ〟と呼ばれる資金活動グループの資金の管理、出納の統括責任者であり、統一産業では代表取締役や会長に就任したことがある。

六〇〇〇万円もの大金が、統一協会という宗教団体名義で銀行から借り出され、統一産業という一私企業の名義で自己宛小切手化されるフシギさも、I氏という人物の職掌を考えれば、容易に肯ける。統一協会のこれまでの対外説明では、統一産業や幸世商事などは信者経営によるもの、勝共連合は別個の政治団体、熱狂グループは信者の自主的活動集団としてきた。たしかにそれらは形式的にはそのように区別される。だが、実態的には同根同一体といえるほどきわめて密接な関係にあることはこの一事をもってしても明らかといえる。

実際、一人の統一教信者が同時に勝共連合の会員であり、同時にまた街頭で募金をし、人参茶のセールスに歩いていることは公知のこととして知られているとおりである。裁判はその末端信者の活動のルーツ（根っ子）がどのようになっているかを、不十分ではあるけれども当時のI氏の職務権限を示すことによって、はからずも第三者に明らかにしているのだ。

統一産業総務部宣伝課が発行している『特約店ニュース』昭和四九年一二月二五日号を私はずっとのち偶然目にすることができたが、そこには「統一産業は（統一協会の）壮年婦人の方に全国二五営業所の代表取締役として迎えたいことを明らかにした」とあり、韓国統一産業グループとの「日韓の企業的連繋をもっと成して行かねばなりません」、一人の人間が協会活動と事業活動をおこなうため、その境界がはっきりしていないが「これからは協会側と事業局との話し合いで、結論が出されることになった」と、まさに協会と関連企業が一体であることを自ら明記している。

さて、問題は各一〇〇万円、五九枚、計五九〇〇万円の小切手が、どのような行方を辿ったかだが、ここにはミステリーとしかいいようのないナゾの人物さえ登場するのである。

現金化にナゾの人物が登場

五九枚の小切手は、そのうち七枚が統一産業で使用され、残る五二枚を「ナカノ」なる人物に換金してもらったと、被告側は裁判で主張した。この「ナカノ」は、やがて「中野俊造」と氏名は明確になるが、住所、職業にいたっては皆目不明という奇怪さで終始する。

判決文によると、I氏は昭和四五年から四七年にかけて、二〇回以上も中野に会い、四億円以上にものぼる小切手を現金と交換してもらっている。また、I氏の代理をつとめていた坂口という人物も中野に数回にわたって約一億円の小切手を現金化してもらっている。

ところが、中野については、「身長一五〇センチくらい」から、「一六〇センチくらい」に変わり、「丸顔、中肉、ヒゲなし、長髪、ときどき黒メガネをかけ、方言、なまりはない」という風体だけの知識しかない（I供述）。また、職業についても統一協会員の女性のひとりが、昭和四七年四月に開かれたWACL（世界反共連盟）の大会のさい、会場にいた中野から「新宿歌舞伎町に住み、金融業をしている」という話をきいたという程度。数億円の大金を右から左に動かす黒メガネの怪物氏と、ではI氏は二〇回以上もどこで会って、小切手を現金化していたのかというと、これが帝国ホテルやホテル・ニュージャパンのロビーという不可思議さであるのだ。

I氏はまた黒メガネの中野なる人物とは、四五年のWACL大会で知り合い、勝共活動に必要なら五億円くらいならいつでも貸す、利子も四分でよいと、好意を示されたといっている。しかも自己宛小切手の現金化なら二％のお礼も差し上げようと、まことに結構づくめというほかない条件をもちかけられているのである。しかし、にもかかわらずI氏はホテルのロビーに大金を持って現れる怪物氏の素性、住所はおろか、電話番号さえ知らない。ただ、実在の人物であることだけは確かだと主張していて、むしろホテルに行けば現れるはずの怪物の捜査を怠ったとして、捜査当局の非を鳴らしている。

だが、即製のテレビドラマか劇画ならともかく、現実の問題として忽然と風のように現れる得体の知れぬ人物と、巨額の取引をするだろうか。ここにも疑惑の影が尾をひくのだが、裁判官はこれについては明快な判断を下している。「……二人とも中野なる人物の住居、電話番号等、同人の所在及び連絡手段を全く知らず、調査を重ねてもついに同人の所在場所を確認できなかった。いかにも不自然といわざるをえない」したがって、五二枚、五二〇〇万円の小切手の処分状況の真実性についても「疑問を抱かざるをえない」と判定している。

疑問はさらにつづく。問題の小切手は夏季開拓伝道費として各地区教会に配布したことになっているが、帳簿上は小切手振り出し以前となっていて、帳簿は作為的に形式をととのえた——つまり改竄《かいざん》の疑いが濃厚であるのだ。裁判では統一協会幹部の渡韓の期日と、それら幹部に渡したと思われる金額をメモした〝Fメモ〟や韓国統一協会の産業グループの一つである一信石材代表理事・黄忠雲氏が書いた〝黄メモ〟などが争点の一つとなった。これらのメモの詳細は避けるが要するにメモの内容をどう読むかによって、韓国へ大量の小切手が不正に持ち出されたかどうかがわかるカギとなるものであった。

たとえば〝Fメモ〟についていえば、「8／12　2600万ドル、F」「8／27　3

000万円、大山」などと、数人の姓名と日時、金額が記されている。ここにあるFとはメモをしたF、大山高誉こと曺又億萬であることは明白で、それらは彼らの渡韓期と符合する。もっとも、なかには「大先生18万ドル×370＝6600」とあるのを、教祖文鮮明からの献金または援助要請と解した検察側を、裁判官が「この推察は失当」と排している部分もあるが、これはすでに献金した金額であって、日韓相互の有機的なつながりと、献金額がいかに莫大であるかを物語るのである。

関連企業への資金援助か

日本側の統一協会、勝共連合がたびたび集団的に訪韓するようになって、統一教のメッカである韓国への献金が、急速にふえていったことはたしかである。

韓国の統一協会の産業グループは、銃砲等を製造する統一産業、人参茶の一和製薬、大理石の壺などをつくる一信石材、ペイント原料などのメーカー東和チタンなどの企業から成っている。これらの設立時は六八年（昭和四三年）に統一産業、六九年東和チタン、七一年一和製薬、一信石材という具合で、大量の小切手が韓国に持ち出されたと疑われた時期と、ほぼ一致する。捜査当局がこれら韓国側産業グループが、経営的に軌道に乗るため、多額の資金が必要だったとニラんだのは、ゆえなしとしない。しかも、設立された韓国側企業には日本側統一協会と人的なつながりもあった。たとえば東和チタンにはF氏も理事に就任しており、昭和四七年には経営窮状を曺又億萬に訴えて、「日本の統一協会から資金援助を求めるに十分疑われるような文面の信書」（判決文）を届けているのである。事実、当時の東和チタンは従業員（約三〇〇人）の給料の支払いが遅滞するほどだった。同様に一信石材も経営的にはかなり窮迫していたようだし、いまでは韓国産高麗人参茶の最大手といわれる一和製薬も貧弱な施設の小メーカーだった。

これらが、軌道に乗り、膨張してゆく過程に、小切手の疑惑はともかくとしても、日本側の力が大いにあずかっていることは、まぎれもない事実である。たとえば、韓国の一和製薬のつくった人参茶を一手に輸入販売している幸世商事は、会社法人としての設立登記は昭和四六年五月だが、それ以前の四四年ごろから統一協会の信者の小グループが、幸世商事の名称のもとに事業活動をしていた。もっとも、事業とはいっても花売りと廃品回収で、人数も八〜一〇人程度だった。このグループが、やがて花だけでなく人参茶や大理石の壺を輸入して儲けようと、組織的に始めたのがいまの幸世商事である。

統一協会を母体にした勝共連合は、李承晩政権下に結成されたAPACL（アジア人民反共連盟）を源泉にして、六六年（昭和四一年）WACLへと発展、六八年（昭和四三年）に統一協会による勝共連合を誕生という経過をへている。

七〇年（昭和四五年）五月、東京でWACL準備大会というべきWACL躍進国民大会が開かれ、同年九月京都、東京でWACL世界大会、同日本大会が開催された。この両大会は、その後の日本での反共運動の先兵である勝共活動の基盤となるが、大会の財政部長として資金運営に当たったのが統一協会、勝共連合の財政統括者であったI氏である。公判記録によると、I氏はこの大会を成功させるために全組織をあげて三億円以上集めたといっている。

割引運賃の差額を献金

街頭でよくみかける〝勝共カンパ〟は、このときの自信に拍車をかけたものだが、翌昭和四六年東京、大阪の知事選にも〝反共〟を掲げて反革新知事運動をおこなった勝共連合は、知事選が終わったころ、各地でバラバラにおこなっていたカンパ活動を大山高誉こと朁又億萬氏を中心に一本にまとめた。

この朁氏を中心にして集まったグループが、いわゆる〝熱狂グループ〟といわれる資金活動部隊で、カンパ部隊や花売りのキャラバン隊である。当初、このグループは八〇人ぐらいだったようだが、その後、急激にふえて翌昭和四七年には一〇〇〇人を突破、昭和五二年現在では一万人ちかいものと推定される。〝熱狂グループ〟が集めた資金は、初め目黒区にあるマンションの金庫に納められていたが、金額がふえるに従って税務対策上、三井、住友、東海の各銀行に分散して預金。さらに架空名義の預金口座を三菱、富士、大和、住友、東海、太陽の各銀行へ設けたと、小切手不正輸出事件で取り調べられた某協会員は供述している。

こうして日本側から韓国側への〝献金〟は加速度的にふえてゆく。やはり供述の一つによると日本の〝キャラバン隊〟が集めた金は昭和四四年末から四七年夏ごろまでの二年半で約一九億円、そのうち韓国への献金は昭和四五年度だけで六〇万ドルから六五万ドルにのぼっている。

韓国統一協会への献金は、いろいろな方法がとられた。一例をあげれば、信者が韓国へ統一原理や、勝共理論の修練会に参加するさい、集団で法定内の持ち出し額をポケットにし、現地であまった金をそっくり献金するという方法が最も多く使われた。これにはウラもあった。たとえば昭和四七年八月、韓国修練会参加のため二二一人が集団で参加した。このグループは東京、大阪、福岡の三カ所から各地区ごとに集結して出発した。往復の航空運賃は、当時、東京―金浦間が四万九〇〇〇円、同大阪間が三万九〇〇〇円、同福岡間が二万円だった。総額にすれば一五〇〇万円ほどになる。統一協会ではこの膨大な運賃に目をつけ、大韓航空と交渉して、定期的に多数を送るのだからとして一人当たり二割引きの運賃を契約、その二割を韓国での渡韓者の献金にするという約束をした。大韓航空と交渉に当たったのはI氏で韓国統一協会代表（当時）の金元弼氏（五二年二月五日、五九億ウォンの脱税で摘発された一和製薬社長）と話し合ったうえでのことだったと、I氏は供述している。

韓国での修練会費は、一人一日食費、宿泊費こみで約一〇〇〇円（当時）、一回二週間、韓国見学のバス代等をいれて一人当たり一万五〇〇〇円から一万七〇〇〇円だった。四五年までに送りこんだ人数は約四〇〇〇人、総額にして六八〇〇万円ほどになるが、信者が運んだ金額は七億九〇〇〇万円。現地で多少の小遣いを使ったとしても、差し引き数億円の献金がおこなわれた。信者の渡韓は昭和四二年ごろからぼつぼつはじまって、四六年には年間一万四五〇〇人、現在はおそらくこの倍にはなっているはずだから、修練会による献金だけでも莫大な額に達しているはずである。

ある幹部信者の場合、一回に持参する金額は約三〇〇〇ドル、五回渡韓して一万五〇〇〇ドル持って行った。このうちから一日の滞在費を平均一〇ドルに切りつめ、五回の支出総額を一六〇〇ドルにおさえた。そして残る一万三四〇〇ドルをそっくり献金してきたという。

一般信者の修練会の場合、帰りに一和製薬の人参茶を〝みやげ〟として持ち帰り、これを売って協会へ献金するといい、協会は日韓両国で往復ダブル献金をうける仕組みになっているという。また、修練会の内容は、統一理論、勝共理論の研修のほか、反共連盟博物館をはじめ〝三八度線〟や〝韓国情報学校〟の見学もあるというから、この研修がいかに徹底した実地修練であるかわかろうというものである。

実態不明の街頭募金のカネ

日本の統一協会の発表によると、「昨年度の総収入は約三〇億円で、そのほとんどは会員全員の月収の十分の一の献金によるという」(『朝日新聞』昭和五二年二月二三日付)。だが、この発表内容はいささか疑問である。原理運動被害者父母の会によると、たとえば昭和五〇年におこなわれた合同結婚(集団結婚)のおり、子弟が必要として父母に要求した金額は「二〇万円以上」で、平均持参金額は三〇万～八〇万円、最高では一五〇万円だったという報告もある。もちろんこれらの金は、結婚式で渡韓したさいほとんど献金したはずで、日本側協会にはいくらも入っていまいとみられている。だが、被害者父母の会が知るかぎりにおいて、子弟たちはいまもなおパンの耳をかじるような貧しい生活を送りながら、学生なら家からの送金のほとんどを献金しているばかりか、時計やメガネが壊れたから買いかえるとウソをついては親から金をひきだして、協会に献金しているという。

被害者父母の会の会長・山田健一氏によると、合同結婚の組み合わせにも怪しむべきところがあるという。山田氏が信者の父母から相談を受けた事例ならびに山田氏が自主的に調査した事例の計約一〇〇件ほどを分析してみると、教祖文鮮明の指名によって結婚する男女の組み合わせにはいくつかの条件があることがわかるが、そのなかの一つに資産のある家庭の子弟と、そうでない者とが組み合わされている傾向があって、これは親の遺産を狙う以外のなにものでもないとみている。

さらにいえば、さきにもふれた若い信者たちによる街頭募金や物品販売（幸福の切符や最近では鈴などがみられる）の実態である。街頭募金は適当な名目でおこなわれているが、無届けのものが少なくなく、不特定多数から集められた多くの募金が、どのように集金され、どこへ納まっているか、実態は依然として不明であり、統一協会はこの実態報告をすると父母の会に約束しながら、それを一方的に放棄したままである。仮に統一協会の昨年度収入が三〇億円だとしても、その三〇億円の内訳がいかなるものか、統一協会は疑惑を晴らすためにも公開すべきであろう。

アメリカに膨大な不動産

証拠不十分として全員無罪となった今回の判決では、判決文に次のようなくだりもある。

「統一産業、幸世商事、幸世自動車及び幸世不動産は（筆者注・これらは日本側産業グループ）もとより統一協会と別個の法人ではあるが、いずれも統一協会の信者等で組織され、統一協会から出資や事業資金の貸付けを受け、他方、信者であるこれら会社の役員や従業員等は、その報酬や給料の殆んどを統一協会に献金。また、熱狂グループとの関係でいえば、その収集資金の一部がこれらの会社の事業費に流用されている事実もあり、すくなくとも以上の限りではこれらの会社と統一協会との間には、人的、金銭的関連のあることが認められる」

報道によると、統一協会アメリカでは、ニューヨークのティファニー・ビルを二四〇万ドル（約七億二〇〇〇万円）で買い取った。また、同じくニューヨークのニューヨーカー・ホテル、旧コロンビア大学クラブ、ベルベリア修練所など、想像以上の規模の不動産を手中にしており、ニューヨーク市税務調査委員会が調査に乗り出していることも報じられている。ことにワシントンのディプロマット・ナショナル銀行の場合、統一協会関係者が株式の約半数を所有、株主のなかにヘンリー・O・クボキなる人物がいて、これが日本統一協会会長・久保木修己氏であることも、日本共産党訪米調査団によって突きとめられている。

日本の統一協会は昭和五二年二月一二日「一連の報道に関する見解」と題して、韓国一和製薬の脱税摘発を「一和製薬の事件は、特殊事情下にある外国の出来事なので、実情は解りません。統一協会と一和製薬は、組織的に関連はありません。この事件を協会との関連で報道するのは誤りです」と発表した。だが、法人同士の法律上のつながりはともかく、実態的にはたして「関連はありません」といえるかどうか。在米、在韓の以上のような人的、資金的なつながりの事実と疑惑に対しては、説得力はきわめて薄い。

四年数カ月にわたる小切手輸出裁判の記録のなかからは、さらにいくつもの疑惑が浮上してくる。ここに挙げたのは、そのほんの数例にすぎない。いまそれらを総合して、あるひとつの仮説を立てれば、それらはまぎれもなくKCIAの対米議会工作や、日韓癒着の一側面に迫る疑惑の構図をえがきだす。その仮説をあえていえば、次のようなものである。

情報活動の資金づくり?

いわゆる〝青瓦台謀議〟といわれる対米工作会議が開かれたのは一九六九年(昭和四四年)のクリスマスの日とか九月ころかともいわれている。が、CIAが盗聴したというこの会議の出席者は、大統領朴正熙に朴東宣、それに文鮮明側近の朴晋熙の各氏がいたことは確かといわれている。この謀議は公式的には存在したこと自体も否定されているが、しかし謀議が六八年のベトナム戦からの米軍の段階的撤退、それにつづくニクソン＝ドクトリンの発表と在韓米軍の段階的撤収にもとづくことは、もはや定説となっている。

いま、このアメリカの極東政策の大転換と、統一協会ならびにその産業グループの活動を対比してみると、ほとんど同時進行的といえる時系列的関連をみることができる。たとえば、韓国統一産業が設立されるのが六八年（昭和四三年）、東和チタンが六九年（昭和四四年）、そして〝人参茶と大理石の壺の大セール〟によって莫大な利益をもたらした韓国の一和製薬、一信石材と日本の幸世商事が設立されるのが七一年（昭和四六年）、文鮮明教祖が渡米するのが七二年である。しかもこの間、日本の統一協会信者の渡韓が急速にふえはじめ、判決にも疑惑の多いとされる小切手輸出事件のようなものも生じた。また、この事件に関連して社会党の金大中事件特別調査委員会（田英夫事務局長）が、指名手配の曺又億萬国際巡回師は韓国の情報活動の資金調達をしていたのではないかと、捜査当局を追及したことがある。さきにもふれたとおり曺氏は指名手配になりながら、裁判中の昭和四九年末に指名手配が解除されている。

参考のために付記すれば、裁判で争われた自己宛小切手は二三〇枚、二億三〇〇〇万円だが、捜査当局が調査した統一協会関連の自己宛小切手の数は七八四枚、七億三四〇〇万円にのぼっている。消息筋にいわせると、この事件捜査には、ある種の圧力がかかったともいわれるが、もちろん真偽は不明である。

が、いずれにしても、これら一連の現象を仮説として組み立てるなら、そこにえがかれるのは文鮮明氏を頂点とした統一協会とその関連グループによる情報、工作活動への資金づくりである。

だが、統一協会はKCIAとの関連および統一協会も加った対米議会工作の容疑については、「統一協会は、いかなる政治目標も持ちません。当然、KCIAとは関連を持ちませんし、米国議会工作とも関係ありません」(統一協会「一連の報道に関する見解」)と、全面的に否定している。

くり返すが、これはその見解を発表したその場で、報道陣から一角を突き崩された。KCIAとの繋りについては、内部機関紙『成約週報』でみずから認めており(これについては後述する)、そこを突かれると「かつて迫害、弾圧されたため、理解をえるよう働きかけた事実はある」と認めざるをえなかった。もっとも、これについては統一協会は数日後に前言を訂正「KCIA当局から弾圧された事実はなく、反共活動をするうえで当局の許可と理解が必要だったのが(接触のきっかけ)」といい直した。

この前言と後言の訂正の間に、なにがあったのかわからない。カンぐればＫＣＩＡからドヤしつけられたのかもしれない。あるいはあまりにも重大な自己発言に気づいて慌てたのかもしれない。しかし、いずれにしても訂正の「折角の記者会見が不可解さをかえって強める結果に終わった」（『朝日新聞』昭和五〇年二月二三日付）ことはたしかで、まさに前代未聞の発言劇であった。

一九七六年（昭和五一年）一月一一日付『ニューヨーク・タイムス』紙に統一協会は「文鮮明師についての真実＝The Truth about the Reverend Sun Myung Moon」と題する一頁の大広告を掲載した。

この〝意見広告〟では、まず「歴史上のすべての予言者のように文鮮明師は嫉妬深い宗教指導者たちの攻撃の的となった」として、「これらの攻撃は最近ますます悪意あるものとなり、公衆に統一協会のイメージを非常にゆがめて与えてきた、であるから、責任あるものとして、われわれは口を開き、記録を正確に示さなければならない」と、「統一協会の任命」「論議の始まり」「家族」「神と共産主義」「資金」「予言者は呼ばれている」「課題」等の項に分けて、縷々のべている。興味あるのは、その「資金」の項だ。こういっている。

「統一協会の資金は信者によるタイス（所得の一割に当る納金）と献金、協会の所有する企業からの献金、一般人から請うた献金による。協会はこれらの金を、われわれの福音伝道と人道主義の活動をなしとげるため、教育や訓練のための施設設備を買うため、生活のための宿泊施設を用意するため、またこの大きな国際的活動を管理するために用いる。

文師の個人的資産についての報道は、全く真実ではない。協会は文師がアメリカに滞在している間に使用するこれらの設備や所有地を法的に所有し、彼の住居ですらも国際的な会合や、祈禱会や宗教的催しがおこなわれるセンターの一部である。ある人々は統一協会が政府やＣＩＡ筋から金を受けとったと非難する。これは全く事実ではない。われわれはわれわれの機関や記録を、こうした嫌疑で調査しようとするいかなるものに対してもチャレンジするものである」

これをみるかぎり、会員は収入の一割を献金するだけでいいような感じをうける。この一割の根拠については全国青年原理研究会刊の『統一青年＝青年用牧会書』にもこう書いてある。

「献金の目的とするところは、蕩減条件という問題です。新しい時代は、心情主義の時代に立ってきておるので、万物それ自体は、目的じゃないんです。しかし蕩滅条件は、心情と人格と万物の三つがある。万物を通して神にいく。人間を復帰して神にいく。心情を立てながら神に帰るというのです。（略）だから人材復帰する人々を協助しているんです。（略）だから、献金の意味するところは、本来一〇分の一献金があるんです。十一献金というのがキリスト教にあったのです。それは神の成長の三段階を通して、いわゆる九数をこえて十数において神と一致するというんです。自分の全収入の一〇分の一は神の前に返そうというわけなんです。これは、これまでやってきたんです」（同書二九頁）

だが、収入の十分の一献金と同時に、収入の殆んどか、あるいはそれを上回る額を募金や人参茶販売で献金していることは、多くの元信者の証言や、公判記録が示すとおりである。『ニューヨーク・タイムス』の意見広告には、そのへんのからくりは記されていないのである。それだからこそ、統一協会に対するもろもろの嫌疑は、日本よりもより強く噴出し、米移民局による統一協会の外国人信者の国外追放の一因になっていると考えられなくない。もっとも、この統一協会の意見広告が掲載されたころには、アメリカでは統一協会ならびに教祖・文鮮明氏に対する世論はごうごうとして湧いていた。意見広告はそれに対する一種の〝釈明〟とみれなくはなかった。ＫＣＩＡの対米議会工作の一端を文鮮明氏と統一協会が担っていたという疑惑と追及は、米当局はそれ以前からおこなっていて、統一協会としては釈明せざるをえないところにまで追いつめられていたといえるのである。

5　サタン教の思想と行動

『ニューズ・ウィーク』の文氏〝特集〟

統一協会が一九七六年一月に『ニューヨーク・タイムス』へ意見広告を出してほぼ半年後、米誌『ニューズ・ウィーク』が、〝文鮮明特集〟を組んで、文鮮明氏とのインタビューを掲載した（七六年六月一四日号）。

文氏はこれまでマスコミ関係者とは、めったに会わなかった。韓国につぐ原理運動の発生地日本で、文氏に会ったことのあるジャーナリストは、あったとしてもほんの指折りかぞえるほどでしかないはずである。なぜ文氏がジャーナリストに会わないのか、理由はよくわからない。おそらく教祖としての〝権威づけ〟のためか、それとも〝用心深さ〟のためであろう。その文氏が『ニューズ・ウィーク』の記者に会ったというのは、同誌が日本の宮内庁ですら天皇との会見を許したほどの、世界的〝権威〟

ある雑誌であるからであろう。『ニューズ・ウィーク』も、文氏のマスコミとのインタビューは「この三年間に初めてのもので、きわめて稀なものである」と特筆している。

インタビューしているのは、同誌のリチャード・Z・チェスホフ、アンドリュー・ナゴスキーの両記者である。特集そのものにはアメリカ人の東洋人に対する理解の限界が感じられて、いささか隔靴《かっか》掻痒《そうよう》のもどかしさをおぼえるが、えんえん三時間におよぶインタビューのやりとりを抜すいした一問一答の部分には、単刀直入の質問もあって、なかなか面白い。たとえば、アメリカから問題になってきたＫＣＩＡや児玉誉士夫との関連について、同誌はこうきいている。

問　あなたは韓国政府またはＫＣＩＡとつながりを持っているか?

答　全くナンセンスだ。われわれは宗教的運動であり、われわれは政府から何の指導も受けていない。過去多くの場合、韓国政府はわれわれの運動を傷つけようとし、縮めようとさえしてきた。しかし、いまや韓国の国家目的に対するわれわれの寄与が、あまりにも大きいため、彼らはわれわれの業績を認めざるをえなくなったのだ。

（略）朴大統領は彼の仕事をし、私は宗教的指導者として私の仕事をしているのだ。

問　あなたは過去に韓国内や世界の反共主義グループから援助を受けたことがあるか？　たとえば日本の児玉誉士夫のような……。

答　たとえ一ペニーたりとももらっていない。私は児玉誉士夫に一度も会ったこともなければ、彼の組織との連絡もない。共産主義者たちが、そんな噂をばらまいて、われわれを悪くみせようとしているのだ。

この『ニューズ・ウィーク』の〝文特集〟がでるすこしまえの七六年五月二五日、『ニューヨーク・タイムス』紙は、第一面でアン・クリテンデン署名の長文の論文を掲げ、原理運動の文鮮明氏の組織は、ＫＣＩＡと密接につながり、日本船舶協会の笹川良一氏ら日本の右翼から財政援助を受けてきたと暴露した。

同紙の報道内容を要約した日本の新聞から引用してみる。

「（『ニューヨーク・タイムス』）によると、文鮮明と結ぶ個人、組織の多くは韓国政府と強くつながり、米国内で韓国政府支持を強化するために躍起になっている。来月（六月）、文鮮明師の組織活動に関して公聴会を開く米下院国際組織問題小委員会のドナルド・フレーザー小委員長（民主）は、『われわれは文鮮明師の側近が韓国政府および韓国中央情報局（ＫＣＩＡ）と協力関係にあることを示す情報を入手している』と語っている。韓国は南ベトナムを唯一の例外として、第二次大戦以来、米国から最大の経済、軍事援助（総額百二十億ドル）を受け取っており、これからも米国からの多額の経済、軍事援助を求めようとしている。こうした背景のなかで、文鮮明師の組織は韓国政府に対する米国内の支持を強化するため、さまざまな活動を展開している。フレーザー小委員長は『文鮮明氏の各種組織と性質と目的について深刻な疑問が生じている』と語っている。米税関当局筋によると、韓国政府は文鮮明師のグループに対し外交チャンネルを通じて、日本、韓国から米国への資金持ち込みの便宜供与をしている模様である。さらに前韓国外交官によると、文鮮明師の側近は、米国から韓国へ送信するに当たって韓国大使館の一流コミュニケーション・ラインを使用したと証言している。米国務省の前高官は、韓国政府は文鮮明師の組織が東南アジアで反共放送を開始するさい、援助したと述べている。

現在、文鮮明師の組織による米国内活動は、米司法省の監視下におかれているが、これまで公的監査が行われた事実はない。ソーンバーグ司法省刑事局長補佐は『焦点

密代理人による二人の米国会議員への贈収賄容疑だ』と述べている」（『東京新聞』昭和五一年六月二六日付）

の一つは、米国内の韓国人と韓国政府の間の金銭上のやりとり、もう一つは韓国の秘

『ニューズ・ウィーク』誌のインタビューに対する文鮮明氏や統一協会のいいぶんと、『ニューヨーク・タイムス』紙の具体的な容疑事実と、あまりにもかけはなれたこの差異を、では、われわれはどう測定すればよいか――。

教祖・文氏を頂点とする統一協会、勝共連合などの組織が、ＫＣＩＡと関係があるとは、実はかなり以前からいわれていた。日本共産党機関紙『赤旗』などは殆んど断定的に両者の関連を報道していた。

しかし、一国の権力中枢や謀略機関との関係のごときは、たとえば米国防総省の「秘密文書」のスッパ抜き事件のことのようなことが発生しないかぎり、容易にその実態をうかがいしれるものではない。だが、すくなくとも文鮮明氏と統一協会に関するかぎり、ＫＣＩＡとの関連を濃厚に疑わせる状況証拠が、これまでいくつも浮かびあがっていたことは事実である。そのなかには、さながらミステリーを思わせるような手口さえ報道されていた。

たとえば、さきの『ニューヨーク・タイムス』がソーンバーグ司法省刑事局長補佐のコメントとして、疑惑の焦点の一つにあげる「韓国の秘密代理人による二人の米国会議員への贈収賄事件」である。この二人の米国会議員とは、名前をあげれば下院のロバート・リゲットとジョゼフ・アダボの両氏。この二名についてはすでに七六年（昭和五一年）二月二〇日、「UPI」が「韓国から賄賂を受け取った疑いでFBIが調べている」と報じている。さらに『ワシントン・ポスト』紙によると、この事件にはカール・アルバート下院議長が一枚かんでいる模様で、同議長をめぐっては女性秘書スージー・トンプソンが疑惑の人として浮かびあがる。

スージー・トンプソンは、〝米韓混血〟の美人である。一説によると、彼女はFBIから調べられている前記二人の議員と〝特別な関係〟があるほか、年に何度かパーティを開いて、KCIA要員や韓国の対米工作員が米国会議員と接触できる場をつくっていたという。その韓国の〝対米工作員〟と〝KCIA要員〟については、在米韓国大使館や、ワシントン担当KCIA幹部・金栄煥（音訳）という人物の名があがっている。問題はこれら一連の人物と統一協会との関連だが、これについては『朝鮮時報』が次のように報じている。

「アメリカの捜索当局は、この事件（贈収賄）と『統一教』の文鮮明の動きに注目している。スージー・トンプソンは文鮮明がアメリカ国会工作員として派遣した人物と推測されるからだ。従って文鮮明もこの事件の黒幕の一人として疑われている。消息通によれば、統一協会幹部たちは、文鮮明の指示により、ワシントン市内にあるコンラッドホテルとヒルトンホテルに一日一室百十ドル（日本円三万三千円）もする部屋を数室借り、ここにアメリカ国会議員工作用の女性を一七人置いているという」（七六年三月二七日付）

この〝推測〟の当否はともかくまさに「007」ばりの〝議会工作要員〟については、昭和五一年一二月『日刊ゲンダイ』が実に詳細なスクープをやってのけていて、下院議長カール・アルバートにはスーザン・ハートマンという名の〝美人秘書〟まで送りこんでいたとしている。すこし長くなるが、『日刊ゲンダイ』のいう「決死的取材」のその部分を引用してみる。

「……五百ページに及ぶ〝幹部候補生用特別講義録〟（筆者注・死んでも他人に見せてはならない極秘のもの）の中でこう語っている。

『われわれはアメリカ国内内部の権力機構から食いこんでいかなければならない。アメリカ議員の一人一人に三人の有能な女性会員を割り当てる。その担当は①政治②総選挙③ワシントン社交界』。そしてワシントン市内のコンラッド・ヒルトンホテル内に、一部屋百十ドルのスイート二棟を借りた。そこに日本人女性ミツコ、ヨシコをはじめ、十七人の国際タレント女性が、米議会との接触工作のために毎日勤務している。(略)『統一協会』の優等幹部候補生スーザン・ハートマンは、すでに米下院議長の秘書の一人として活躍している。どうやってそんなに早く議長室に入り込めたのか。スーザンは、カール・アルバート下院議長が活躍する議会が開かれる日には、必ず熱心に傍聴する。閉会になると、直ちに季節の花を持って議長室を訪れる。議長のほうが家族席にスーザンを招じて、傍聴させる間柄になり、果ては政治コラムニスト、ジャック・アンダーソンに、次のような色気あるエピソードを記事(七五年一二月九日)にされる。『一度、アルバート議長夫人が議長室に立寄ったとき、スーザンは裏口からこっそり出て行った』。文サンは、いつもどこからか〝セックス・マジック〟を巧みに使って、遠隔操作するのがお好きなようだ」(一九七五年一二月二一日付)

また、統一協会の〝女性秘書〟が入りこんでいるのは、このほか下院国家安全保障委員会委員長のイチョード民主党議員、コネチカット選出のロバート・ギアモ議員の各事務所。さらにヒューバート・ハンフリー上院議員も最近は文氏の運動に好意的で、コルビー前CIA長官も統一協会の集会に主賓として出席しているという。しかし、こうした〝文鮮明＝統一協会〟の動きもニューヨーク検事局、タリータウン地方検事部が調査に乗り出したと報じた（前掲紙）。なお、この報道後、ドール上院議員が統一協会や文氏の活動や資金集めを税金面から調査するよう国税局に要求するなどして、アメリカにおける統一協会の活動は停滞していると外電は伝えたものだった。

文＝統一協会とKCIA

あなたは諜報機関と関係がありますかときかれて、「イエス」と答える諜報機関員はいまい。イエスともノーとも答えず、そのかわりに何をきかれてもノーコメントであるのが米CIAの鉄則である。KCIAの場合、そうした疑惑にどう対応しているか、寡聞にして私は知らないが、これまで明らかにKCIA要員だと名ざされた人物はいく人かいる。

たとえば金大中拉致事件の総指揮をとったといわれる金在権氏（当時の駐日公使）もその一人だ。同様にもう一人、早くからKCIA要員の疑惑を投げかけられていたのが、文鮮明氏の特別補佐役で片ウデといわれ、元駐米韓国大使館付武官だった朴普熙なる人物である。

朴普熙氏は元陸軍中佐とも大佐ともいわれるが、ともかく駐在武官だったころから統一協会に入り、退官後は統一協会幹部として活躍している。昭和五〇年、統一協会が「希望の日フェスティバル」を東京九段の武道館でおこなったとき、彼は文鮮明氏とともに来日した。そのとき協会の発行したパンフレットは、彼のことをこう紹介している。

「……かつてはアメリカ駐在の大使館付武官であり、韓国動乱時に九死に一生を得、そこで神の生きて働いていることを体験し、信仰の世界に入られました。後、既存の教会のあり方に行きづまり、レバレンド・ムーン（筆者注・文鮮明）によって大きな回心をなし、初代のアメリカ宣教師の一人となりました。軍人として、外交官としての働きもめざましかったが、それ以後、信仰の世界に入ってからの働きは大きいもので、内外の人々から『神の大佐』と呼ばれています」

〝神の大佐〟かどうかの定評はともかく、彼が大使館時代〝諜報将校〟であったことを、彼自身の口からきいたと、後述のロバート・W・ローランド氏は証言している。

それによると、この〝神の大佐〟（ローランド証言では中佐）は、大使館付武官として「韓国の情報機関と米情報機関との間の連絡係をしている」と打ちあけている。

一九六四年、彼は文鮮明氏の片ウデとして「韓国文化自由財団」なるものをつくりあげ当時の米大統領アイゼンハワーを名誉会長に、トルーマン元大統領、アーレイ・バーク元統合参謀本部議長などを理事にかつぎだした。賛同者にはワシントン政界の知名士がずらり額をならべ、財団の一九七四年の年次報告によると、寄付者は約一四万人、寄付額は一〇〇万ドルを超えたことになっている。政界工作におどろくべきラツ腕を発揮したわけである。ちなみに朴普熙大佐は原理運動の文化組織である「リトルエンゼルス」（少女舞踊団）の財団総裁で、アーレイ・バーク元統合参謀本部議長はアメリカのリトルエンゼルス後援会設立発起人会長で、日本におけるリトルエンゼルス後援会長が岸信介元首相であった。

アメリカでおどろくほどの人的コネクションを持つこの朴普熙氏は、韓国文化自由財団とともに、「文氏の国際文化財団」の運営もゆだねられているとして（筆者注・日本は久保木修己会長）、国際的に知られるタド・シュルツ氏（評論家）は、国際文化財団こそ注目されなければならないとする。なぜなら、同財団は過去五年間、毎年

「科学統一会議」をひらいているが、この会議にはアメリカをはじめ諸外国の最もすぐれた科学者も何人か参加している。前回は七六年一一月、ワシントンで開かれたが、招へいされた科学者たちの旅費、宿泊代は全額同財団でみたという。そこでタド・シュルツ氏は「これらの会議のおかげで文師に対する尊敬の念が増すことは確かではあるが、これまた、米国社会のあらゆる階層に浸透しようと図るKCIAの活動ではあるまいか」（『中央公論』昭和五二年二月号＝小松修幸訳）と指摘するのだ。この場合、タド・シュルツ氏は統一協会はKCIAと「極めて密接なつながりがある」と断定したうえでの発言である。

さらに「初代KCIA長官キム・ジョン・ピル（金鍾泌）は、サンフランシスコの原理運動員たちに、『KCIAが後援している』と一席ぶっている」（『日刊ゲンダイ』昭和五〇年一二月一六日付）というのも見逃せない。

統一協会とKCIAを結ぶ状況証拠は、まだほかにもある。荒井荒雄氏は、初期の統一協会支部の機関紙『成約週報』に掲載された「日本の皆様へ！」と題する一文のなかから、次のような決定的な個所を発見したと自著（『原理運動の謀略と自民党』）に転載して指摘した。その『成約週報』は私も現物を手にしているが、そこにはこう明記されている。

「……国内（筆者注・韓国）における私達の活躍は国家的に段々公認するようになり、三八度線の第一線基地である江原道では統一協会の原理は反共思想と救国対策の絶対唯一なる理念であることを道知事以下情報部の有力な支持を受けて、公文により全道民にこの理念を普及するに致り、昨年一〇月から大々的に活躍を始めており、これが忠清南道に延びて同じ状況が開けるようになりました。今、中央情報部でも非常に関心が深く、遠からず政府自らこの原理を受入れ全国家的活躍に進展するものと確信しております」（『成約週報』六六年二月五日号＝傍点筆者）

以上の〝状況証拠〟や〝資料〟によるかぎり、統一協会は明らかにＫＣＩＡの別動隊と思われるが、しかしこれだけではまだそうであると断定するのは不十分かもしれない。

統一教発祥の地韓国では、当初統一教会の教勢は文教祖のソウルでの逮捕事件などもあって凋落の一途を辿った（統一教が〝統一協会〟と名乗るのも、既成のキリスト教会から異議がでたためといわれる）。その統一教が急速に教勢を挽回するのは、韓国に軍事クーデターが発生し、朴政権が出現した一九六〇年代に入ってからである。

朴政権と統一協会の結びつきの経緯には、もはや一つの定説がある。発端は軍事クーデター（一九六一年）前年の六〇年、統一協会の江原道支局長をしていた男が建てた「福祉学院」にはじまる。福祉学院は統一教の布教活動をかねて農業改良指導員を養成していた。一方、誕生まもない朴政権は〝南北統一派〟に弾圧を加えつつも、支持基盤の弱い農村に基盤づくりをおこなうため、この農業指導による福祉学院路線に庇護を与えた。

こうして〝反共〟と布教が一致する統一協会は、六〇年当時信者一万人といわれたのが、八年後には実に公称三〇万八〇〇〇人。まさに朴政権と癒着することによって、イキをふき返したのだった。

では、どのように統一協会は朴政権から庇護されたのか。

韓国の総合雑誌『新東亜』一九七〇年八月号によると、統一協会を母体にした組織の勝共活動だけでも、六五年いらい「勝共講演」が延べ二万回、講演をする弁士が約三〇〇人、受講者六〇〇万人を動員したといわれ、この活動に対して「内務部長官、道知事、警察局長、市長、郡守（長）などから計八五七枚の感謝状がおくられた」という。北系の『朝鮮時報』はこう伝える。

「パク・チョンヒ一味は統一協会布教のため行政機関を利用させるなど、あらゆる便宜をはかった。かれらがいかにパク・チョンヒ一味の手厚い保護を受けているかは、統一協会の地方教区長（ほとんどが二十代の青年）が『警察署長と同格に扱われている』とかれら自身が公言しているのをみても分るであろう。

こうして統一協会は、事実上パク・チョンヒ・ファッショ政権の支柱のひとつとなり、各道に支部をおく親パク反共宣伝部隊となった」と。これは北からのキャンペーンである。多少割引いて考えたとしても、かなりの手厚い庇護であったことが理解できる。

文氏の統一協会とＫＣＩＡの関係を、さらに裏づけたのは、昭和五一年六月二二日に開かれたフレイザー委員会での李在鉉（元在米韓国大使館主席公報官兼文化公報官長、現ウエスタン・イリノイ大学教授）、ロバート・Ｗ・ローランド（ユナイテッド航空パイロット）、アラン・テート・ウッド（元自由指導財団会長）の各氏らの証言である。

フレイザー委員会での証言

七五年一二月、ワシントンに「ディプロマット・ナショナル銀行」という、資本金二〇〇万ドルの銀行が開設された。「ディプロマット・ナショナル銀行」の素姓が明らかになったのは、ロバート・W・ローランド氏の証言によってであった。

ロバート・W・ローランド氏は、文鮮明氏の片腕である朴普煕元中佐が、まだワシントン駐在の大使館付武官だった一九六三年（昭和三八年）ごろから交際をはじめ、その後、二五年もつれ添った妻と娘を熱烈な信者として統一教に奪われていらい、ずっと統一教を調査しつづけた人物である。このフレイザー委員会における〝ロバート証言〟は、おどろくべきかずかずの事実を挙げて、ＫＣＩＡと統一協会の繋がりを立証しているが、そのなかの一つに問題のディプロマット銀行が登場するのである。

証言は「文鮮明の組織は米国内をはじめ世界各地にかぞえきれないほど多くの隠れミノ団体を作っている」として、こういうのだ。「たとえばワシントンで最近開設されたディプロマット・ナショナル銀行です。この銀行の株主三五一人のうち一九人は文鮮明の組織と関係があり、公開されている株式八万株のうち、四万二八二〇株を文鮮明関係者が所有しています。これは資本金二〇〇万ドルのうちの一〇七万ドルに相当します」

米国でも文鮮明氏の統一協会、原理運動は街頭の活動で知られている。原理運動の若者たちが、身を削りながら資金集めに狂奔していたことも有名である。そのみすぼらしい彼らの姿とワシントンの銀行を結びつけるには、よほどのイマジネーションを必要とするが、しかし銀行設立は、まぎれもない事実として証言されているのである。しかも、ディプロマット銀行の大株主には、フルタ・タケシとカミヤマ・タケルという二人の日本人が名をつらねており、この二人はニューヨークに本拠をおくトンイル・エンタープライシス（統一産業）の関係者であると外紙はつたえている。

音訳なので正確なことはわからないが、フルタ・タケシが古田武士であるなら、それは統一協会の政治団体である勝共連合の元幹部の名である。またカミヤマ・タケルが神山威なら、元統一協会名古屋支部長で、ニューヨークで活動していたといわれる神山その人であろう。またヘンリー・O・クボキが日本統一協会久保木修己氏であることを突きとめられていることは前述した。さらに、銀行役員には米上下両院の議員も名を連ねているが、そのルートにはスッパ抜きで有名なコラムニスト、ジャック・アンダーソンの名前も登場した。

統一協会は日韓の両国で傘下にいくつもの事業団体を擁している。それらの主だった役員と従業員は、ほとんど信者で固められている。勝共連合や統一協会の幹部が渡米して、むこうの、トンイル・エンタープライシスの関係者として顔をだしたとしても、すこしもふしぎではないのである。

一九七七年（昭和五二年）三月現在、まだ、このディプロマット・ナショナル銀行がどのようにしてつくられたのか明らかではない（対米工作資金の受け皿といわれている）が、〝ローランド証言〟は、朴普熙氏とKCIAとのつながりについては、ほとんど決定的ともいえることをのべている。

「一九六三年四月ごろでしたか、朴中佐とよもやま話をしていて、『武官補はどんな仕事をするのか？』ときいてみたことがあります。すると彼は大使館での外交官としての毎日の仕事を説明してくれたのですが、その途中で韓国の情報機関とアメリカの情報機関との間の連絡係もつとめているのだと打ち明けました」と明言。

そして朴中佐は朝鮮半島がいずれ「文鮮明の支配のもとに統一される」ことはまちがいないといい、「必要とあれば原理の兵士が三八度線を完全武装で越えることもありうるんだぞ」と口にしたとはっきり証言している。

さらに「自由指導財団」という非営利的な教育機関の会長を一九七〇年三月から一二月までしていたアラン・テート・ウッド氏の証言によると、これはアメリカの青少年に共産主義の脅威を教えることを目的に文鮮明氏の命令によってワシントンに設立されたものだという。一九七〇年、ＷＡＣＬ（世界反共連盟）の第四回大会が京都で開かれたとき、彼もアメリカから出席した。そのとき日本統一協会会長・久保木氏から、この大会の最大の眼目は「韓国政府の理解と信頼をとりつけることにある」ときかされた。当時、アラン・テート・ウッド氏は「文鮮明が韓国政府の手先に暗殺される恐れがある」と、よくきかされていた。ＷＡＣＬはそのためのものであるというわけだが、彼はこうして統一協会がＫＣＩＡの手先かどうか知らないとしながらも、いずれにしても「統一協会とＫＣＩＡのアメリカでの政治的目標はぴたりと一致していて、全く見分けがつかないほどである」と証言している。

フレイザー委員会における〝李在鉉証言〟はさらに次のようなＫＣＩＡのアメリカにおける秘密活動の計画の骨子を証言した。

①アメリカの指導者、とくに議会の指導者を抱きこみ買収する。②韓国に進出しているアメリカの有力財界人たちを工作し、議会および連邦政府が朴政権の政策を支持するよう仕向ける。③朴政権の支持を表明するアメリカ人、韓国人の実業家グループを作らせる。④アメリカにいる韓国人学者、科学者を大使館で接待し、かつ全額無料、

重要人物待遇の韓国旅行を提供して働きかけて、職能別の協会、あるいは団体を組織させる。⑤朴政権の独裁の正当化と、それに対する批判を抑制させるため、韓国人およびアメリカ人の大学教授たちに、専門的な会合、セミナー、シンポジウムなどを開催するよう働きかけ、その種の会合に秘密裡の資金援助を与える。⑥協力者と表看板となる人物を利用、在米韓国人むけの親朴政権的な新聞を発行させる。⑦朴政権の宣伝放送と、財政援助をおこなう。⑧在米韓国居留民団に、強力な統制をはかる。⑨韓国にいる家族、親類、友人などを通じて〝非協力的〟な在米韓国人および韓国系アメリカ人におどしをかけ、批判を封じ、沈黙している人びとをさらに協力的にさせる。

これは要するに、米議会をトップに、政財界から学界、言論界にいたる各分野のアメリカ人と在米韓国人を〝買収〟し〝恫喝〟するための秘密工作計画である。

それにしても、統一協会関係者が株式の約半数を持つナショナル・ディプロマット銀行が、なぜ対米議会工作と関係あるといわれるのだろうか。これはＫＣＩＡと密接な関係にあるといわれる統一協会への疑惑のポイントといわなければならない。統一協会の文鮮明教祖とＫＣＩＡの繋がりはこれまでいくたびとなく疑惑の対象とされた。ひとつの仮説として、こういうこともいわれた。

一九五五年（昭和三〇年）、ソウルで布教していた文鮮明氏は、いかがわしい行為があったとして検挙された。ところが、ほぼ三カ月後、証拠不十分で釈放された。が、このとき彼は当局に〝弱み〟をにぎられ、ヒモをつけられたのではないかというのだ。しかし、この仮説にはややムリがある。というのはKCIAが発足したのは、一九六一年のクーデターによる朴軍事政権成立後である。時間的にズレがあるうえ、仮に前政権時代の当局の捜査資料が、KCIAにひきつがれたとしても、それを裏づける何ものもないのである。

統一協会と朴政権との結びつきの経緯については、やはり統一協会の布教が朴政権の農村支持基盤形成政策と反共政策に一致したという、さきに紹介した定説の方が納得がゆく。

統一協会とKCIAとの繋りについて、決定的ともいえる証言をおこなったのは、元在米韓国広報官長だった李在鉉教授だった。〝李在鉉証言〟によると、問題の韓国文化自由財団はワシントンの韓国大使館、ソウルの外務大臣、KCIA長官、首相、大統領をつなぐ回線電話を利用できることになっていた。また、文鮮明氏が創立し、会長となっていた自由指導財団は、大使館のKCIA要員と連絡をとっていたし、当時、韓国大使館で働いていたアメリカ人秘書のうち少なくとも三人は、ＫＣＩＡ要員の要請に基づいて自由指導財団が推薦した人物だったという。

おかしなことはいろいろある。文鮮明教祖は勝共連合を通じて韓国の政府職員や韓国軍将校を対象にした「反共精神鼓吹センター」を運営しているが、この〝反共精神の鼓吹および国内での宣伝活動〟は「ＫＣＩＡの非公開の設置法によれば同第二局の担当となっている」というのである（李在鉉証言）。

ちなみに大統領直轄のＫＣＩＡは、第一局から第九局まである。ただし第四局は〝四〟が〝死〟に通ずるのでエンギが悪いとして欠番になっている。したがって実数は総数八局である。各局の職務分担は、第一局が海外情報の収集処理と人員募集、第二局は国内宣伝と情報の収集処理、第三局が防諜とスパイ取締り、第五局が悪名高い治安対策を分担していて政治活動規制の中枢部、第六局は謀略工作、サボタージュ、暗殺などのようなことを担当しているといわれており、金大中事件はこの六局の仕業とみられている。ＫＣＩＡの取調べ地として〝恐怖の南山〟といわれる南山は、第五、第六局の取調べ機関の所在地である。第七局は世論操作などの心理戦担当、第八局は日本をのぞく海外工作担当、第九局は北朝鮮専門となっている。

暴露されたKCIAの汚ない手口

　では、このKCIAと文鮮明氏を中心とした彼の諸組織の洗いだしを、いまごろどうしてフレイザー委員会が始めたのかということになるが、これについては委員会で、「KCIAは反朴批判勢力を沈黙させるため、また、米国民と米議会を動かして、韓国に対するアメリカの軍事的、経済的援助を継続し増強させるため、大規模な活動をしている」とフレイザー委員長自身がのべていることをみれば明らかなとおり、KCIAと文鮮明氏の支配する諸団体の活動についても、はっきりこういっているのである。

「この公聴会の目的は、韓国政府もしくはKCIAと、文鮮明氏と関係ある一部の人物、団体とのあいだに結びつきがあるといわれる情報について、さらに検討を加えることにあるのです。（略）この聴問会は統一協会の宗教観や行事について調査するものではありません。（略）しかしながら、文鮮明氏が彼の教会だけでなく政治的、文化的、学問的、営利的事業を包括する巨大な機構の中心を占める存在であることは疑う余地はありません。非公開での聴問会における証言、ならびに本委員会のスタッフが集めた情報に基いて判断すれば、文鮮明氏の機構の内部でおこなわれている活動の一部には疑いをさしはさむ余地が十分にあるのであります」

ドン・ボンカー、米民主党の下院議員である。下院外交委で在韓米軍の撤退問題を審議中、KCIAと関係があるという韓国の大佐から同議員の側近に会いたいという電話がかかってきた。用件は審議中の〝撤退問題〟について、ある情報を提供したいというのだ。

側近は断わった。すると、この大佐は「ボンカー議員とお近づきになりたがっている〝魅力的な女性〟がいるのですが……」と、持ちかけた。明らかに色仕掛けである。これも断わると、こんどは韓国議会の有力者が訪ねてきて、手みやげにデジタル時計を持参し「ぜひ一度訪韓を」と、韓国招待をもちかけた。一九七六年六月八日、ボンカー議員はこれらをすべて拒否し、デジタル時計も送り返したと、KCIAの汚ない手口を暴露した。

買収、誘惑、脅迫、拷問——すべての謀略活動がそうであるように、KCIAの手口も同様である。それはさきの〝李在鉉証言〟があばいたとおりである。米紙の報道によると、買収、誘惑の手口にひっかかって、FBIの取調べを受けている議員がいる。下院のロバート・リゲットとジョゼフ・アダボ両議員などだ。容疑は「韓国の秘密代理人による贈収賄」である。

また、統一協会の女性秘書が送りこまれている議員として、さきの下院国家安全保障委員会委員長のイチョード民主党議員、コネチカット選出のロバート・ギアモ議員の各事務所の名前もあがっている以上、フレイザー委員会が、文鮮明氏の諸組織とKCIAの関係の洗い出しに、躍起にならざるをえないわけである。

KCIAの在米韓国人に対する抑圧にいたっては、日本の場合よりもすさまじい地域がある。とくに韓国人が多く住んでいる都市ほどひどく、たとえばロサンゼルスは、韓国系アメリカ人たちが韓国総領事のことを「KCIAロサンゼルス支局長」、ロサンゼルス自体を「第二のソウル」と呼ぶほどである（七六年三月一七日のフレイザー委員会におけるロスアンゼルス『ニュー・コリア』紙編集長・金雲河氏証言）。

七五年ごろ、私はシカゴで韓国人社会の一部の人たちと接したことがある。ここでもすでにそのころ、ものいえば唇寒しといった恐怖感が、彼らの世界を支配していた。ひるがえって、日本ではどうか。改めていうまでもなく、KCIAもしくはCIC（陸軍保安司令部）に連行され、拷問され、無実の罪をきせられている在日韓国人が多数いることは周知のとおりである。なかには帰化日本人として日本国籍がある者までいた。

それらの最も象徴的な事件が、白昼ホテルから身柄をさらっていった、あの金大中事件である。そして下手人がわかっているにもかかわらず〝政治決着〟をつけられ、一説によると当時の田中角栄首相は、その見返りに韓国政府から三億円もらったといわれている。ここには一国の主権さえもカネで売りとばす、腐敗をきわめた日韓の〝汚辱の構造〟がみられるのである。

あらゆる商行為の陰にKCIAあり

KCIA要員の数は、数千人説から数万人説、さらに正規職員でない関係者を入れると一〇万のケタのつく数字になるという推定まである。が、いずれにしてもその人員と機構維持には、膨大な費用が必要とされる。この費用を捻出するため、KCIAはホテルやカジノの利益をはじめ、あらゆるところに黒い手をのばしているといわれるが、とりわけ狙われているのが外資からの借款導入資金のようだ。

一九七一年（昭和四六年）九月、韓国国会で新民党の李鐘南議員が、これをとりあげて大胆な追及をおこなった。

「工事契約、物品購入、調達、固有財産の購入など、あらゆる利権に中央情報部（KCIA）が介入しないところはない。そうして政治資金を政府がそこにパイプをつないで抜き取っている。わが国に〝借款亡国〟という言葉がある。山分け式にかすめ取ることによって、その企業体は潰れてしまうが、そこの社長や専務の家に行ってごらんなさい。数千万ウオン、数億ウオンの邸宅を構えているではないか……」

ファッショ下の韓国でのこの勇気ある追及を嗤《わら》うかのように、七五年（昭和五〇年）にはKCIAがからんだ〝韓国史上最大の不正貸出し事件〟が発生した。これは、朴永復という元船員が「永安貿易」「金鹿通商」「南都産業」などの幽霊会社をつぎつぎとデッチあげては、代表者におさまり、二年間にわたって八カ所の市中銀行から約八〇回、計七四億ウオンにのぼる巨額な低利輸出資金を、不正に引き出していた事件だった。

ところが、事件が明るみに出るにつれてソウル銀行の前頭取が中央情報部の執拗な脅迫で貸し出しを強要されていた事実をはじめ、前議員や部長検事などの権力上層部まで〝甘い汁〟を吸う工作に加担していたことが判明してきた。あわてた検察当局は、捜査を秘密のベールにつつみこみ、不正貸し出しは三〇億ウオンで回収不能なのは五億ウオンだという「全容発表」なるものをおこなった。が、KCIAがこの事件を資金源として狙った事実だけは、表に出てしまった。

この事件は、いわばKCIAの資金捻出手口の見本のようなものだが、似たようなケースは無数にある。さきの李議員の調査だと、KCIAが税務査察と称して集めた金だけでも、一九七〇年は二一八件、五億二〇〇〇万ウオン、一九七一年は一〇九件、四億八九〇〇万ウオンにのぼるという。有名な三星財閥のサッカリン密輸事件のうらにもKCIAの影が浮かぶとみられるのは、このためである。いわゆる〝不実借款企業〟（経営が極端に悪化した借款導入企業）にも、コミッションという名の政治資金調達によって経営悪化を招いたものが少なくなく、ここにもKCIAが介入しているのではないかと強い疑惑を抱かれている。

七一年九月、韓国政府企業合理化委員会は、不実企業が二六社あると発表した。そのなかには日本の大手商社が窓口になっているものが少なくなく、三菱商事の仁川製鉄所、トーメンの韓国アルミ、三井物産の韓国肥料と都南毛紡、丸紅の韓国冶金などの名が連なっていた。そしてこのなかには日韓の両国会で追及されるほど異常な資本投下がおこなわれたものがあり、たとえば韓国アルミの場合、トーメン、日立製作所、昭和電工が一三四八万ドルを投資したのに対し、これを受けた韓国アルミが実際に蔚山の工場に投資したのは七五六万ドル。差し引き五九二万ドルが〝蒸発〟するという奇怪さだった。

日本からの導入資金は輸銀を通じる。その輸銀の低利の金は、国民の税金によってカバーされている。血税によって運用される膨大な資金が不可解に消える——これが日韓汚職の構造である。その日韓癒着の構造は、それが二つの国家の権力がらみであるだけに、これまで腐臭を放ちつつも、実態は固く閉じこめられてきた。

対米議会工作の資金も、この暗い部分から生じたものが含まれているはず。はからずも、その工作資金と、人脈にメスを加えはじめたのがフレイザー委員会で、メスの先にこつんと当たったのがディプロマット・ナショナル銀行の存在であったのである。

日本との関連

文氏が統一協会を母体にして、韓国に国際勝共連合を設立したのは一九六八年（昭和四三年）一月だがそのまえには「勝共啓蒙団」を組織して、韓国各地で勢力を伸ばしていた。そして一九六八、九の両年に日韓勝共連合の基礎を築き、七〇年にはアジア勝共大会をソウル市内で、また世界反共連盟（WACL）躍進国民大会を東京で開いた。韓国を本拠地に日本、台湾、南ベトナム、フィリピンなど、アジアをはじめとする世界的な反共政権との提携強化をもくろんだ。

日本に最初に統一教が上陸したのは一九五八年のことである。密命をおびて布教のために密入国したのは、日本名西川勝という韓国人・崔翔翼（チェ・サンイク）。彼は元特務機関員だったとして、次のようにいわれる（統一協会では特務機関員であるとを否定している）。

「チェ（崔＝西川）は日本語、英語はペラペラで、もと特務機関員だけあって、『一面宗教、一面政治の活動を展開した』といわれている。翌年、密入国容疑で逮捕されたが、取り調べ中に脱走。その後、チェは再度逮捕されたが右翼笹川良一らの尽力もあって国外退去を条件に釈放され、現在統一協会アメリカ支部の中心人物となっている」（『朝鮮時報』一九七四年）

崔こと西川氏は立正佼成会の庭野日敬会長と接触、会長秘書だった久保木修己現日本統一協会会長を入信させて、日本布教の大きな足がかりをつかんだ。以後、日本での教勢は、久保木修己氏を中心に、主として大学生を対象にした〝原理研活動〟を基軸にして伸びていったことはさきに述べた。

ところが、学生を主体にした原理研運動は、反対父母の会の第一次運動体である原理運動対策父母の会の立ちあがりによって、大きなつまずきをみせた。期間は昭和四一年七月から約二年間。猪野健治氏によると、四二年七月に文鮮明教祖が来日したおり、文氏は統一協会の久保木会長に「勝共運動をやりなさい、教勢も伸びますよ」とすすめたといわれ、例の本栖湖畔の右翼指導者たちとの会議が開かれた。「原理運動の若者たちが、街角に立って『共産主義は間違っている』と叫びはじめたのは、四二年七月の文鮮明氏の来日以後」のことであるという（『中央公論』昭和四六年七月特別号同氏論文）。この説に従えば、原理運動は行き詰りを、反共実践活動で活路を開いたのである。

こうして、日本で統一教の主催する反共集会の最も盛り上りをみせたのが、それから三〜四年後の七〇〜七一年（昭和四五〜四六年）にいたる一連の集会である。

七〇年五月、東京の立正佼成会普門館で、「ＷＡＣＬ躍進国民大会」が開かれたとき、花輪を寄せたのは当時の佐藤首相をはじめ岸元首相、川島自民党副総裁、福田蔵相、春日一幸民社党議員ら。ことに岸元首相は「重大な使命」を訴えるアピールを寄せた。また、福田蔵相は「わが国にも目に見えない三八度線があると思う。それは自由に行動し、自由に表現し、自由に思考し、自由に経済活動をしているこの自由な社会をひっくり返して、マルキシズムの名のもとに少数の組織、統制の社会につくりかえようとする勢力が存在することだ」というタカ派の本領を発揮したメッセージを寄せた。

同年九月、「WACL大会」が京都、東京で開かれた。大会総裁は笹川良一、大会推進委員長が岸信介。推進委員顧問には青木一男、安倍源基、石井光次郎、神川彦松、賀屋興宣、川島正次郎、千葉三郎、灘尾弘吉、御手洗辰雄、安岡正篤の各氏ら。推進委員には相川勝六、安西愛子、石原慎太郎、宇野精一氏ら七七名。推進団体には国際勝共連合、神社本庁、日本郷友連盟など二三団体。賛同団体には自衛隊友の会など、「さながら国民精神総動員の前夜」(『朝日ジャーナル』七〇年九月二〇日号)を思わせた。

こえて七一年五月二二日、東京赤坂の都市センターホテルで、「第二回アジア勝共大会」が開かれた。この大会には蔣政権の駐日大使館、留日華僑連合総会、日華親善協会、在日韓国大使館、居留民団（在日大韓民国居留民団）など、在日韓台の公式機関から民間団体まで後援。メッセージが蔣介石、朴正熙の両元首からおくられたのをはじめ、日本側からは岸元首相、現職の佐藤首相は「自民党総裁」の肩書きでメッセージを寄せた。当時、勝共連合の顧問団には千葉三郎、小川半次、玉置和郎、青木一男、源田実、辻寛一らの政界人各氏に、文化界から浅野晃立正大教授、実業界ら足立正之日商会頭らが名を連ねていた。

七〇年から七一年にいたる当時の政局は、〝七〇年安保〟問題に〝中国承認〟などがあった。以上の顔ぶれから、おのずから勝共連合とむすびつく人脈がわかるであろう。

七四年五月、統一協会は東京帝国ホテルで「希望の日晩餐会」を開いた。名誉実行委員長が岸信介、実行委員長が統一協会の久保木修己、名誉実行委員に三輪知雄筑波大学長。出席者は当時の倉石忠雄農相、安倍晋太郎元農林政務次官、青嵐会の中川一郎氏ら。そして福田蔵相は文鮮明氏を「アジアの偉大な指導者」とたたえ、壇上で抱き合ってみせた。

自民党議員は各地で勝共連合後援会をつくり、また「国を守る会」「救国連盟」といった名称の自民党県・市議らを発起人にした一種の勝共連合後援組織をつくるにいたっている。勝共連合と自民党との関係は、たとえば勝共連合が「岸信介、賀屋興宣、石井光次郎、千葉三郎氏らを通じて自民党の各県連に接近し、県連の幹部をＷＡＣＬ後援会長にいただく（たとえば辻寛一氏＝愛知後援会長、剱木亨弘氏＝福岡後援会長、木村武雄氏＝山形後援会長、宮崎正雄氏＝鳥取後援会長など）。そのおスミ付きを持って、会社や団体を回り、署名やカンパを集める。そして一朝事あらば主君自民党のためにひと肌ぬいで恩義を尽す、という封建的な授受関係が両者の間には成り立っている」（前掲『朝日ジャーナル』）

勝共連合刊『活動実績概要＝発足から一九七三年末まで』という小冊子によると、「勝共理論の研究活動」に参加した議員の数は七三年四八二名（学者文化人は二一二名、会社労組は三八八六名、市民大学講座は三三三一名）に達している。この「議員研修会」は渡韓しておこなわれるものもあるようだ。

七〇年代に入って急速につくられた各地方自治体単位の日韓親善協会に果たす勝共連合の役割りも見逃せない。たとえば七六年（昭和五一年）六月、神奈川日韓親善協会は「アジアの集い」という反共的集会を開き、「赤い魔の手」「中国大陸の真相」といった反共映画を上映したが、この集会は勝共連合神奈川県本部が協力していた。また、同七月には「韓国学生訪日研修旅行団」を招き、八月には日本学生の訪韓研修団が渡韓したが、前者の旅行中の移動を受け請ったのが勝共連合のマイクロバス、後者の旅行取扱業者が統一協会傘下の世一観光だった（『日韓調査』三号）。

対するに朴政権批判議員や革新議員に対する勝共連合の敵対的行動は露骨である。昭和五一年暮れの総選挙のさい、「ロッキード事件とその摘発の経過の中で露呈した自民党の腐敗は余りに根深く、それが極右体質と癒着して、もはや救い難く思われます。もしも汚職捜査を韓国・東南アジア等に拡げるならば、すべての派閥に幅広く波及し、〝黒・灰色高官〟の数は激増するでしょう」として自民党と袂別《べいべつ》して議員を辞職した宇都宮徳馬代議士が立候補したさい（東京二区）、勝共連合は公示直前に同氏を中傷する機関紙号外をバラまいた（『思想新聞』号外）。このため選挙後、宇都宮氏の関係者は同機関紙編集局長を公選法違反で告発した（昭和五一年一二月二七日）。

宇都宮氏に対する勝共連合のこの中傷は、韓国政府当局の宇都宮氏批判に呼応したもののようだが、この批判には民団も参加して、「貴下に対する糾弾活動を凡ゆる手段によって無期限かつ無限界に展開することを宣言する」（民団側質問状）といい、対するに「私は脅迫には屈しない、信ずるところを行う」（宇都宮氏）という激しい応酬が両者間で交わされた。まさに韓国政府、民団、勝共連合が一体となった攻撃であった。

これをみてもわかるとおり、ひとことでいえば、日本における統一協会＝勝共連合の勢力拡大は、各種の集会参加者や実行委員の顔ぶれをみればわかるとおり、政府与党および親朴政権派との癒着のもとに、進行したのである。

しかし、ロッキード事件以後〝ロッキード隠し〟から進展して〝日韓隠し〟が国民の批判をあびた。日韓癒着の底知れぬ汚職かくしである。その〝日韓隠し〟のなかで、勝共連合＝統一協会にむらがった人脈が、韓国ロビーの人脈とどのように重複するかは興味ある点である。また、アメリカの対韓政策の転換が、冷戦構造の崩壊に伴う極東戦略の変化のなかで生じたものであるとすれば、アメリカにおける統一協会への議会の追及も、それと同根であるとみることができるわけで、統一協会はかつてなくきびしい環境にさらされることになった。

昭和五一年（一九七六年）六月二日、ニューヨーク発ＵＰＩ電は、アメリカで免税措置をうけながら「三千五百万ドルという巨額の財産を蓄積した文鮮明の統一協会の財源につき、米国税庁当局は調査中である」というピーター・ヘイザー下院議員の発表を伝えた。この巨額の資産を、ゼロから出発した統一協会がどうやって調達し、蓄積したか。ここにもまだ多くの疑惑をひめているが、それらはいずれ解明されなければならない。統一協会の信者たちが売り歩いている大理石の壺にしても、もとはといえば統一産業の幹部のひとりが、おりからの〝石ブーム〟に目をつけた資金づくりのアイデアに発している。韓国の統一協会傘下の一信石材は、そのためにつくられた会社である。一信石材設立については、日本から工具などを運びこんでいる。

人参茶にしても、その販売方法がしばしば問題になり、警視庁や地方県警などに摘発されている。リトマス試験紙を客になめさせたり、血圧計を使ったりして、「医師法すれすれのインチキ商法」とマスコミでも指弾された。この資金づくりの方法も、きびしい環境となった。

この人参茶や花を売るため、会員は「ごめんください（はーい）今日もあなたに心をこめて　幸せをとどける　幸せの人参茶（イムサンジャー）」――『しあわせの人参茶』という歌を作っている。この歌は彼らの聖歌集『愛聖歌』（A6版二三四頁）のなかにも収められている。もっとも、この聖歌集には讃美歌から軍歌「同期の桜」まで入っていて、「思い込んだら試練の道を　行くが男のド根性　真赤に燃える王者のしるし　み旨の星をつかむまで　血の汗流せ涙をふくな　行け行け十字軍　どんと行け」（『み旨の星』）といった替え歌も数多く所収されていた。ちなみに協会の聖歌集は聖歌五一曲中三曲、讃美歌からは一三曲が日本福音連盟発行の『聖歌』から無断使用していたものとして同会から抗議され、陳謝しており、既成教会も統一協会をきびしく見ていることがわかる。

人参茶といえば、韓国では治安本部特殊捜査隊が統一協会傘下の一和製薬を大がかりな脱税容疑で摘発（五九億ウオン＝約三五億円）、社長の金元弼氏を起訴した。教祖文氏は直接介入の事実なしとして司直の手はのびなかったが、これまでの朴政権と統一協会の蜜月時代は一と区切りつけた観である。それが国際政治のうえにいかなる意味を持つものなのかはまだわからない。日韓関係のなかでも、昭和五二年二月七日衆院予算委員会での石橋社会党書記長の追及によって、はじめて日本政府の統一協会に対するこれまでの調査内容が明らかにされた。が、その調査内容をみるかぎり、調査はまだ序の口というほかかない。

しかし、原理運動被害者父母の会では、すでにして子を取り戻す親の情を国際的視野のなかに展開して、統一協会の在り方を問い、「超党派による国会の特別調査委員会の設置」を希望している。また、フランスの原理運動被害者父母の会とは連絡をとり合っているが、さらにアメリカの被害者父母の会とも連繫をとる予定である。日韓をとりまく暗部の根は深い。その暗い構造のなかで、統一協会に対する疑惑の影がすこしでもあるとしたら、それは日韓両国民の真の連帯のために、一日も早く解明されなければならないはずである。また、統一協会にとっても、その疑惑が事実無根であるとすれば、これははなはだしく迷惑なものであるはずである。

統一協会が昭和五二年二月一二日「一連の報道に関する見解」として発表した、一連の疑惑に対する否定の内容は次のようなものであった。

(1)統一協会がＫＣＩＡと連絡して米国議会買収をおこなっているという点＝統一協会の目的は個人の救済と、理想世界の実現であり、主な活動は福音の宣布である。統一協会はいかなる政治目標も持たず、当然、ＫＣＩＡとの関連も持っていないし、米議会買収工作とも関係はない。

(2)朴普熙氏がＫＣＩＡ要員であるという点＝同氏が過去ワシントンの韓国大使館

で軍事担当補佐官として勤務していた経歴があるのは事実だが、同氏の大使館勤務はKCIAができた朴政権以前、張勉内閣時代のことであり、疑惑は根拠のない、いいがかりである。同氏はKCIAから指示をうけたことはいっさいないと証言している。

また、伝導師・西川勝氏もKCIA要員であるという中傷をうけているが、同氏が日本伝導に派遣されたのは一九五八年であり、朴政権樹立、KCIA創立以前である。

(3)朴普熙氏が一九六九年朴大統領官邸で朴東宣と同席し、米議会工作の謀議に加ったという点＝同氏は同年六月ワシントンに在住しており、韓国に行っていない事実は、同氏のパスポートや、当時通院していた歯科医の記録を見れば明らかである。会議のテープがあるというのなら、公開すべきである。

(4)朴普熙氏が朴東宣とともに米国議員に対する贈賄作戦に加担したという点＝同氏は朴東宣とは面識がなく、贈賄作戦に加担した事実もない。また、同氏個人としても、韓国文化自由財団としても、韓国政府の利益のために、米議員または政府役人に贈賄や、影響を与えようとしたことはない。

(5)韓国文化自由財団のラジオ・オブ・フリーアジアは、米政府役人への贈賄のため、KCIAの資金調達機関の最前線として組織され、利用されているという点＝ラジオ・オブ・フリーアジアは一九六六年に始まり、一九七四年に終了した。目的は共産圏に捕われている自由主義者に自由世界の真実を伝えるためのものであった。収支は正しく管理されており、KCIAに資金が流れたという記録はいっさいない。韓国文化自由財団はかつて国税局と法務省の調査を受けたことがあるが、違法業務の事実は見上されなかった。

(6)韓国で統一教（協）会関連会社が脱税容疑で摘発された点＝一和製薬の事件は特殊事情下にある外国の出来事なので、実情はわからない。統一協会と一和製薬は組織的には関連はない。この事件を、協会との関連で報道するのは誤りである。

統一協会のこの公式見解は、しかし、卒直にいって、いささか説得性に欠けるのである。

たとえば、(1)の統一協会が「いかなる政治目標も持たない」というのは、勝共連合がいわば統一協会を母体にした政治結社であり、表裏一体である実態からみて、容易に第三者を納得せし得るものではない。むしろ、ご都合主義の印象をまぬかれない。
(2)の朴普熙氏のKCIA要員否定についても、同氏の大使館勤務がKCIA設立以前であったことから、即、KCIA要員でない論理の展開はおかしい。KCIAが創設されたのち、要員になるということはありうることである。否定を信ずるとすれば、KCIAから指示を受けたことがないという、同氏の言葉だけである。
また、西川勝氏がKCIA要員でないとするのも、来日がKCIA創設以前という理由だが、西川氏を怪しいとみている報道は（主として『赤旗』『朝鮮時報』などだが）、西川氏を「特務機関員」としている。KCIA創設以前に韓国に特務機関がなかったかどうかは疑問である。むろんこの場合、『赤旗』『朝鮮時報』が、統一協会、勝共連合が〝勝共〟として敵対する機関の媒体であることを考慮に入れなければならないのは当然であるとしてもである。
(3)(4)についても、いわゆる〝青瓦台謀議〟がおこなわれたとするころ、たしかに朴普熙氏はワシントンに在住していたのは事実で、また、対米議会工作をおこなったとされる朴東宣氏とは面識がなかったかもしれない。しかし、だからといって、一連の疑惑が完全に払拭されるというものではない。謀議の席におらず、また、工作実行者のひとりと面識がなかったとしても、それが工作をおこなわなかったということにはならないからである。(5)でいえば、米法務省と国税局の調査を受けて違法業務なしと認定された点は、たしかに疑惑否定の重みを持つ。しかし、ラジオ・オブ・フリーアジアという放送が、共産圏むけであったということは、かえって謀略機関との関連を疑わせることになりかねないのである。(6)については、さきにのべたとおりである。統一協会がこの「見解」発表によって、KCIAとの関連を訂正発言したことは既述したが、これも「見解」に対する報道記者の疑問から発したことであった。このほか「見解」に対する疑問には、次のようなものもある。

「KCIAがやったとされる米議会工作が在韓米軍の撤退計画の変更を主要目的としていることは歴然である以上、日韓台の軍事的一体化を説く勝共連合・統一協会としても米議会工作のためKCIAと協力しうる条件はあったという論理も成り立つ（略）

さらにこの記者会見の席上、統一協会側からおどろくべき事実も明らかにされた。副島嘉和広報部長が明らかにしたものだが、それは日本の統一協会から海外へ布教目的で出かけている信者のなかには『語学力を買われて』現地の日本大使館の通訳をしている者もいる、というのである。語学力が堪能な通訳なら大使クラスのシークレット交渉に出席することもあるだろう。どこの国の大使館か明らかにされていないが、統一協会のある側面を露呈させた発言ではなかったか」(『国政通信』昭和五二年四月二五日)

統一協会はアメリカでも主要報道機関に対して、疑惑否定の発表をおこなったようだが、その後もたとえば『ニューヨーク・タイムス』や『ワシントン・ポスト』などが、統一協会に対する疑惑を報道しており、五二年六月五日には、金炯旭元KCIA部長(米国亡命中)の「統一協会はKCIAにとって、必ずしも信頼するに足る組織ではなかったが、統一協会幹部の朴普熙氏はKCIAと密接な関係があり、KCIAはこの人物を接点にして統一協会を動かしてきた」(『朝日新聞』昭和五二年六月六日付＝ニューヨーク・タイムス』要約記事)という発言をつたえた。

統一協会は、こうした疑惑に対していかに否定するか、さらに説得力のある見解をのぞまれるわけである(昭和五二年六月初旬現在)。

あとがき

私が統一協会に関心を抱いたのは、まことに漠とした動機からであった。ある友人が人参茶の輸入が異常に急増していると教えてくれ、なにかありそうだといった。それが私の好奇心を刺激したからである。昭和四九年のことであった。

ところが、調べてみると、人参茶の背後に意外な組織が絡んでいるのを発見した。統一協会である。宗教団体と人参茶、この奇妙な取り合わせも、教祖が韓国人で、韓国直輸入の宗教であれば、さして不思議ではないと思った。

翌五〇年、新年早々から合同結婚をめぐって、父母たちが騒然としはじめた模様が新聞で報じられた。それからしばらくして、月刊『現代』誌に執筆するため、同誌の記者と幸世商事へ取材に出かけた。そのときの模様は、本文に記したとおりである。私が統一協会にたいして、疑惑を抱きはじめたのは、このときからである。以後、調べれば調べるほど、この組織に対する私の疑惑は濃厚になるばかりだった。募金、自殺者、精神錯乱者、小切手密輸事件……等々、どれをとっても、ことは重大だった。

しかし、にもかかわらず、〝反共宗教〟であるがゆえに、日韓の両権力から手厚い庇護をうけており、強固な見えざる防壁に囲まれているではないか。このため、私の身辺を気づかってくれるジャーナリストの友人が何人もいた。私のかそけき勇気を持続させてくれたのは、この友人たちのおかげであり、すでに批判を展開しておられた佐伯真光、森山諭、荒井荒雄、猪野健治といった学者、宗教家、評論家の各氏をはじめ、多くの既知、未知のジャーナリストの存在であった。

私は不信心で、宗教に無縁な男である。けれども、宗教に対しては偏見を抱いていないつもりである。いかなる宗教でも、信ずるか信じないかは、当事者の自由である。信ずることにおいて、救われる人がいることも事実である。信仰は当事者の思考と決断に属することがらである。それだけに私は統一協会の教理に関しては、できるだけふれたくなかった。しかし、あまりにも異常な事件や行動にぶち当ると、それを理解するには、どうしても教理にふれざるをえなかった。「信仰基台」だとか「四位一体」だとか、耳なれない用語に悩まされた。が、私は終始社会的視点から考えるよう努力した。

〝原理運動〟をみるとき、私はいつも、ある〝不幸〟を感じる。それは反対父母の会の肉親たちが、〝被害者〟として被害意識を持っているにもかかわらず、子供たちにそれがないことである。また、無届けの募金活動をとってみても、これほどその反社会性が問われているというのに、末端の兵士たちには〝聖徒〟としての崇高な使命感こそあれ、罪の意識がまったくないということである。これは脱会した元信者の何人かの話をきいて、驚きをさらにふかくしたものだった。

私が衝撃をうけたのは、元信者による統一協会・勝共連合に対するファシズム批判である。私は戦争中、海軍特攻隊にいた。天皇と国策を信じて疑わず、身を投げうったものだった。若い元信者たちの批判に、かつての私の戦中の体験が、おのずと重なり合うのをどうすることもできなかった。

アメリカでは現在、司法省、連邦捜査局（ＦＢＩ）の政府機関をはじめ、議会では下院倫理委員会（フリント委員長）、同国際関係小委員会（フレイザー委員長）、上院情報活動委員会（イノウエ委員長）などが、ＫＣＩＡの対米議会工作を調査中であり、また、贈収賄の起訴の可否についても、連邦大審院で審理中であると伝えられている。

これらの調査や審理の結果がどうなるかわからないが、もしも統一協会の謀略機関としての疑いが決定的になるとすれば、そのとき純心な信者たちが、どのような反応を示すか、私は気がかりである。

いずれにしても、国際的に問題化している統一協会の活動について、日本人も関係ありと疑われているにもかかわらず、政府当局の取り組みはきわめて弛緩している。反共であればなんでもいいという政府与党の態度は、野合というよりは犯罪的である。私はそこに限りなく腐敗した自民党の病根を見る思いがする。

本書は『朝日ジャーナル』、月刊『現代』『宝石』その他の雑誌などに発表したものに手を加え、さらに新たに書き下したものを加えた。なお、引用した文献、雑誌、新聞、その他の資料は文中に記述したが、事実関係を明らかにするうえで必要な多くの参考資料を別編資料篇に収録した。本来、それらはすべて本書に収めるべきであるけれども、余りにも厖大多岐にわたるため、読者の便宜を考慮して敢て「資料篇」として、別編に収録することにしたわけで、両編を一編としてお考えいただきたい。ご諒解をえたいとねがう次第です。

なおまた、本書作成にあたっては、多くの国会議員をはじめ、野中正信、福山正、さらに晩聲社の和多田進、井倉大雄の各氏にお世話になりました。心から感謝の意を表します。

一九七七年六月一〇日記

解説　統一教会問題の「始原」がここに

有田芳生

（1）

安倍晋三元総理銃撃事件をきっかけに統一教会（注1）問題が「空白の30年」（注2）を経て再び社会問題として浮上した。メディアでは、教団と政治家との関係、霊感商法、信者への過度の献金要求、信者二世の苦悩などが報じられてきた。それぞれが重要であり、解決しなければならない課題である。しかし、例えば政治家との関係にしても、なぜ教団が接近したのか、その動機が歴史的に明らかにされることはなかった。結論的にいえば、アメリカで脱税のため一九八四年に懲役一年半の実刑判決を受け、コネチカット州のダンベリー刑務所に収監された文鮮明教祖（二〇一二年没）は、岸信介元総理のロナルド・レーガン大統領に対する嘆願手紙（注3）により、一年一か月で出獄できたが、日本の入管法の規定（第五条四項「日本国又は日本国以外の国の法令に違反して、一年以上の懲役若しくは禁錮又はこれらに相当する刑に処せられたことのある者」）により、入国を拒否されていた。日本統一教会は教祖による一九七五年七月からの送金命令（注4）で、霊感商法を本格的に開始、多額の被害を生み出してきた。ところが資金源としての日本に教祖が入国できない。それを超法規的に可能とするために使ったのが、文鮮明訪朝（一九九一年一一月三〇日）による金日成首席との首脳会談（注5）だった。冷戦終焉時代に会談内容を知ることが日本政治に必要だと理屈づけしたのは教団の意向で動いた自民党政治家たちであり金丸信自民党副総裁（当時）で、法務大臣と法務省が屈服した。文鮮明教祖が超法規的に入国したのは、一九九二年三月二六日だ。中曽根康弘元総理、金丸信議員と会談しただけでなく、禁じられていた信者への説教を、東京、名古屋、大阪で行なった（注6）。かくて信者による経済活動と信仰活動はいっそう活発になった。たとえば、全国霊感商法対策弁護士連絡会への被害相談は、一九九〇年が三九三件、九一年が二七九件だが、九二年には一〇六四件と突出した。世界の「王の王」となり「七か国を支配する」とかねてから豪語した教祖が政治工作を行なった原点である。

（2）

問題は事実に基づいて歴史的、構造的に解明されなければならない。どの議員が教団のどの集会に出たのか。教団は自民党を中心とする国会議員や地方議員にどこまで浸透していたのか。世間が驚き、批判が高まったのも当然である。だが岸田文雄総理たちは「社会的に問題のある組織とは関係を断つ」と言いながら、何が「社会的な問題」であるかを具体的に明らかにしなかった。メディア側も、なぜ統一教会が自民党国会議員に接近したのか、その意図を歴史的に解明することはなかった。国会議員が教団関係の各種集会に出席していた。それは問題ではあっても出発点であって分析や評価ではない。武谷三男氏（物理学者）の「三段階論」でいえば、現象論レヴェルの報道であり、実体論（構造）にまで進まない。統一教会は各国で政治工作を行ない、アメリカや韓国では失敗し、なぜ日本で成功したか。それが政治的社会的問題なのである。茶本繁正編『増補合本　原理運動の研究　資料篇Ⅰ・Ⅱ』（晩聲社、一九八七年）という大部の書籍は七三〇ページ。統一教会問題を論じる前提となる書籍だ。編者の茶本繁正さんは、この資料を根拠にいまや古典となる『原理運動の研究』（晩聲社、一九七七年八月）を出版した。古書で探せば高価であり、書店に行ってもどこにもない。ちくま文庫でここに再刊されたことは、統一教会問題の宝庫が蘇ったことであり、安倍晋三銃撃事件以降の報道がいかに核心に迫っていないかを知ることにもなるだろう。二〇二二年七月八日に事件が起きた直後からのおびただしい統一教会報道を経験した日本人は、まず本書の目次に目を通して欲しい。たとえば「あいつぐ奇異な事件」「エアライフルの大量輸入」「散弾銃の威力」「東大生対象にセミナー」「台湾政府の布教禁止措置」「ニューヨーク郊外の大財産」「小切手不正輸出事件も……」「青年の奇怪な死に方」「協会と勝共連合は表裏一体」「文＝統一協会とKCIA」「暴露されたKCIAの汚ない手口」などなど。アトランダムに選んだが、二〇二二年夏からの報道で、まったく報じられていない。とくに本書第5章「サタン教の思想と行動」には、問題となった国会議員との関係の原点が示されている。日本では一九七〇年代からの茶本さんたちの先駆的な取材と蓄積があるのに、メディアは歴史的分析と報道を行なわない。あの茶本さんの怒りと嘆きの低い声が聞こえるようだ。

（3）

統一教会問題の古典として燦然と輝く茶本繁正さんの『原理運動の研究』は、遅ればせながらもっと活用されてよい。私が（1）で書いたことは、茶本さん、森山諭さん、猪野健治さん、荒井荒雄さん、佐伯真光さんなど先行研究者たちの基礎のうえに現状をデッサンしたものだ。本書を茶本さんがまとめたのは、一九七七年六月で、それまでに『現代』『宝石』『朝日ジャーナル』に寄稿した内容に書き下ろしを加えたものだ。ここにはその後の統一教会の日本での展開の萌芽がすべて記録されている。茶本さんが執筆原稿を整理して書き下ろしを加えて、本書を準備したのは、一九七七年六月で、初版が発売されたのは、同年八月だ。本書でも取り上げられたアメリカ下院のフレイザー委員会による韓国政府、ＫＣＩＡ、統一教会の調査も進行中だった。政界工作を行う「コリアゲート事件」の解明である。同委員会は一九七八年一一月一日に四四七ページに及ぶ報告書を公表、そこでは統一教会を「文鮮明機関」と規定し、宗教だけでなく、多国籍企業、政治、準軍事組織としての「顔」を持つ組織と規定した。茶本さんの取材の発端は、一九七四年に韓国から日本に多くの人参茶が輸入され、その背後に統一教会が存在したこと、さらに翌年には国際合同結婚式が開催されたことだった。しかも日本では「親泣かせの原理運動」と報じられ、家族問題に発して社会問題にもなっていた。韓国の独裁政権や諜報機関とも関係がある宗教団体とは、いったい何か。優れたルポライター茶本繁正さんの鋭いアンテナが動きはじめ、本書に集約された。とはいえ文庫本として再生するまでに四六年もの時間が経過してしまった。本書刊行当時はまだ文鮮明教祖の詳細な経歴が資料的に明らかになっておらず、教団の宣伝もあったため、たとえば「早稲田大学の電気工学科を卒業」とされていたが、実際には「早稲田高等工学校」である（注7）。文鮮明教祖は、二〇一二年九月三日、九二歳で亡くなった。そののち教団名も世界平和統一家庭連合に変更し、三番目の妻である韓鶴子氏が総裁に就任、さらには「三男派」「七男派」に大きく分裂、さらに多くの少数グループへと分岐した。時間の経過とともに問題の所在は当然のことだが、多岐に拡大していった。海軍特攻隊を経験した茶本さんは、この組織に全体主義的で危険な臭いを先駆的に感じ取っていたに違いない。いまに至る統一教会問題の「始原」（物事のはじめ）は、すべて本書にある。

（注1）茶本繁正さんは「世界基督教統一神霊協会」を「統一協会」と表記している。だが教団は自らの略称を「統一教会」としてきた。正式名称を「協会」としているのだから、

茶本さんだけでなく、教団に批判的なキリスト教関係者や共産党、社会党は、「宗教ではない」という判断も加味して「統一協会」と表記してきた。しかし批判キャンペーンの嚆矢である「朝日ジャーナル」「朝日新聞」は「こだわることはない」との判断で、一貫して「統一教会」と表記している。私もそれを踏襲してきた。教団は二〇一五年の安倍晋三内閣のときに「世界平和統一家庭連合」（略称は「家庭連合」）と名称を変更した。本解説では組織実態が変わらないので「統一教会」と表記した。

（注2）「空白の30年」とは、安倍晋三元総理銃撃事件が起きたとき、私が使った言葉だ。一九九二年に桜田淳子さんたちが合同結婚式に参加し、メディアは芸能問題として大いに盛り上がった。しかし日本テレビ「ルックルックこんにちは」などは、霊感商法の統一教会だとする報道を行なっていた。テレビニュースや新聞はほとんど無視だった。一九九五年にはオウム事件が発生、発覚、統一教会問題は後景に追いやられた。『週刊文春』などは断続的に報道してきたが、統一教会問題は世間から忘れられていった。

（注3）岸信介元総理からロナルド・レーガン大統領に送られた嘆願書は二通。それが効果あったかどうかは不明だが、文教祖は五か月早く出所している。書簡にはこうある。〈文尊師は、誠実な男であり、自由の理念の促進と共産主義の誤りを正すことに生涯をかけて取り組んでいると私は理解しております〉〈彼の存在は、現在、そして将来にわたって、希少かつ貴重なものであり、自由と民主主義の維持にとって不可欠なものであります〉。（『週刊新潮』二〇二二年七月二八日号）

（注4）統一教会元幹部の副島嘉和氏は、『文藝春秋』（一九八四年七月号）で「これが「統一教会」の秘部だ」を公開。そこでは教団が「経済組織」に変質した経過や内部秘話が暴露された。この月刊誌が発売される八日前に、副島氏は自宅付近で暴漢に襲われ、心臓周辺を刺されたが、かろうじて生命を取りとめた。

（注5、6）詳細については有田『「神の国」の崩壊』（教育史料出版会、一九九七年）参照。

（注7）学術的に分析した最新の研究は櫻井義秀『統一教会』（中公新書、二〇二三年）参照。

本書は晩聲社より一九七七年八月に刊行されました。

著作権者の了解のもと、文庫化に際して対談・座談会ほか一部を割愛するなど再編集しました。

ちくま文庫

原理《げんり》運動《うんどう》の研究《けんきゅう》

二〇二三年九月十日　第一刷発行

著　者　茶本繁正（ちゃもと・しげまさ）

発行者　喜入冬子

発行所　株式会社　筑摩書房
東京都台東区蔵前二―五―三　〒一一一―八七五五
電話番号　〇三―五六八七―二六〇一（代表）

装幀者　安野光雅

印刷所　星野精版印刷株式会社

製本所　株式会社積信堂

ISBN978-4-480-43892-8 C0136